不懂说话
你怎么带团队

部下のやる気を引き出す
上司のちょっとした言い回し

[日]吉田幸弘 —— 著
程亮 —— 译

图书在版编目（CIP）数据

不懂说话，你怎么带团队？/（日）吉田幸弘著；程亮译. -- 北京：北京联合出版公司, 2016.1（2021.5重印）

ISBN 978-7-5502-6980-4

Ⅰ.①不… Ⅱ.①吉… ②程… Ⅲ.①企业管理－组织管理学－语言艺术 Ⅳ.①F272.9②H019

中国版本图书馆CIP数据核字（2015）第321445号

北京市版权局著作权合同登记号 图字：01-2016-0249

BUKA NO YARUKI WO HIKIDASU JOUSHI NO CHOTTOSHITA IIMAWASHI
by Yukihiro Yoshida
Copyright © 2013 Yukihiro Yoshida
Simplified Chinese translation copyright ©2016 by Beijing Mediatime Books Co.,Ltd.
All rights reserved.
Original Japanese language edition published by Diamond, Inc.
Simplified Chinese translation rights arranged with Diamond, Inc.
through Beijing GW Culture Communications Co., Ltd.

不懂说话，你怎么带团队？

作　　者：（日）吉田幸弘
出 品 人：赵红仕
责任编辑：候娅南
策划编辑：蔺亚丁
封面设计：仙　境

北京联合出版公司出版
（北京市西城区德外大街83号楼9层 100088）
北京时代华语国际传媒股份有限公司发行
三河市宏图印务有限公司印刷　新华书店经销
字数140千字　880毫米×1230毫米　1/32　6.5印张
2016年1月第1版　2021年5月第28次印刷
ISBN：978-7-5502-6980-4
定价：36.00元

版权所有，侵权必究
未经许可，不得以任何方式复制或抄袭本书部分或全部内容
本书若有质量问题，请与本公司图书销售中心联系调换。电话：010-63783806

前 言

假设你在工作中犯下严重失误,向上司汇报时受到了批评,作为下属,你更希望上司使用下面的哪种说法?

1. 辛苦了,谢谢汇报。能详细说说吗?
2. 你是怎么做事的?为什么会搞成这样!

想必绝大多数人都会选择1吧。1是对下属表示慰问,2则是诘问。

这两种说法大不相同,会让下属做出完全不同的反应,但实际上,两者所要表达的内容是一样的。

由此可见,即使向下属传达同样的内容,只要改变说话方式——即"措辞",效果就会截然不同。

只要措辞得当,就能使交流变得顺畅,下属的干劲也会高涨。

在这里,我想讲一讲我本人的相关经历。

如今，我几乎每天都会出席学习会、研讨会、咨询会等活动，向商务人士讲授交流和措辞技巧。

但在以前，我其实是这方面的失败者，曾因为使用下面这样的措辞，给我和下属的上下级关系造成了极大的障碍。

- 当反复犯错的下属来汇报时，我是这样说的："够了！作为职场人你完全不合格，赶紧写辞呈吧！"
- 对通宵两晚才做好企划书的下属，我是这样说的："你加班的结果就是做出这样一份无聊的企划吗？简直浪费加班费和纸张费。"
- 对前来汇报却不得要领的下属，我是这样说的："搞不懂你在说什么。你母语是怎么学的？"
- 对犯下失误而陷入沮丧的下属，我是这样落井下石的："大家一直在笑话你呢。"
- 对费尽心力提出好方案的下属，我是这样予以驳回的："公司有规矩，这是公司的决定。"
- 为了树立威严，我是这样当着众人的面，对业绩不佳的下属穷追猛打的："销售额为什么毫无起色？""到底是怎么回事？"
- 在进行角色扮演时，我一个劲儿地指摘新人的诸多缺点。

当初我以为，下属是上司的棋子，上司要想树立威严，让下属乖乖服从，就应该大声斥责，令其心怀畏惧，而夸奖无异于纵容。

然而，我的态度造成了如下结果：

- 一个月内有四名下属同时辞职
- 我本人被三次降职
- 团队年销售额三次大幅下滑
- "汇联商"（汇报、联系、商量）几近瘫痪，工作陷入困境，重要客户流失
- 下属对失误隐瞒不报

这样的状态始终不得好转，我又急又气，患上胃肠炎住进了医院。入院时，我深刻地自我反省，意识到必须做出改变才行，于是重新振作精神，决心改正错误。后来，我频频参加各类研讨会，还以每年至少 500 本的节奏不停地读书。就这样，我终于彻底学会了应该如何交流。

多亏如此，我的业绩才能在短时间内得以明显提升，我本人也得以升迁，重新坐回了经理的位子。从以前的"威压风格"变为"认可风格"，成效可谓显著，不仅团队离职率降至 10%，销售额也逐年提升 20%，使我连续三年被评为"最有价值员工"。

最终我认识到，即使传达同样的内容，结果也会因"对方

如何理解"而产生很大差别。上司的"措辞"若能轻易让下属接受,自然就会激发下属的干劲,使其主动投入工作。

基于现有经验,我将"激发下属干劲的措辞小技巧"归纳汇总,写成本书,由附和、询问、夸奖、委托、鼓励、传达、批评等七章构成,读者可从任意一章开始阅读。

我在处理上下级关系时曾吃尽苦头,也给下属添了许多麻烦,你肯定不想重蹈我的覆辙。

上司若能激发下属的干劲,使其发挥出全部实力,就能建立一个最棒的团队。

你难道不想以此为目标,学学"措辞小技巧"吗?

那么,我们就尽快开始吧!

引言
先从积极思考开始做起

　　人在无意识的状态下,往往只能看到对方的缺点,忽视对方的优点。尤其在上下级关系中,更是如此。

　　一般来说,上司比下属拥有更丰富的经验和知识,若以自身为标准,下属的缺点自然就会被无限放大,结果,上司不是对下属发火,就是在交流时显得很不耐烦。而在这样的关系中,下属自然做不出令人满意的工作。

　　其实仔细想想,优点和缺点是表里一体的关系。是积极思考还是消极思考,完全由上司自己决定。哪怕面对消极的问题,只要改变意识,也能以积极的姿态去应对。

　　在这里,我想先明确一下消极和积极的含义,看看它们究竟是指什么样的状态。

所谓消极，是指在精神上困于一隅，只能一味片面思考的状态。在这种状态下，上司只会用负面心态去看待下属。

相反，所谓积极，是指能从多角度看待事物，思路丰富而不局限的状态。在这种状态下，人的眼界很开阔，所以能用正面心态去看待下属。

理想的上司，应该是时刻都能积极思考的人。

的确，上司难免会对下属不满，也会在意下属的缺点，但只要做到积极思考，就能发现其优点，从而使用能激发下属干劲的措辞。反之，消极思考只会让上司使用打击下属干劲的措辞。

作为上司，必须在任何时候都能保持冷静。为此，多角度的思考——积极思考——是不可或缺的。

有人可能会说，如果下属犯错甚至不断犯错，只能叫人看到缺点，该怎么办呢？

就算在那种情况下，也应该积极思考。人本来就是同时具备长处和短处的，二者表里一体，我们需要做的只是改变观点。

举例如下：

容易厌烦	→ 好奇心旺盛
不挑战新事物	→ 踏实
过度执着于细节	→ 周到
认死理	→ 有逻辑性
漫无计划	→ 随机应变
经验少	→ 不会受到既有思路的束缚

只要像这样改变观念，就能做到积极思考。消极思考并不是好事，希望大家都能积极思考。

积极思考是顺畅交流的基础。只有以开阔的眼界看待下属，才能进行正确的询问、夸奖、委托、传达和批评。

好了，下面进入正题。

目录
CONTENTS

前言 /01

引言　先从积极思考开始做起 /06

第一章　附和

    1 营造畅谈氛围的简短附和　/003

    2 促进谈话的附和　/003

    3 表示赞同的附和　/004

    4 表示慰问的附和　/004

    5 承接相反意见的附和　/006

    6 鹦鹉学舌式的回应　/006

第二章　询问

    1 对汇报不得要领的下属避免全盘否定　/012

    2 对汇报坏消息的下属先把话听完　/015

    3 对提不出意见的下属用"比方说"引导其打开思路　/020

    4 对跑题的下属用"也就是说"拉回主题　/023

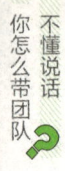

第三章 夸奖

1 对年长下属用"怎么才能像您一样"的提问来夸奖 /028

2 用"贴标签"的方式来激励新人 /031

3 利用"三角式夸奖"凝聚团队战斗力 /033

4 当着其他人的面进行夸奖 /037

5 使用"自言自语式夸奖" /040

第四章 委托

1 让下属乐于接受委托的表达 /046

2 遇紧急工作委托下属的说话要点 /049

3 委托对方制作资料时 /051

4 对不同类型下属用不同委托方式 /054

5 想让下属积累经验时采用"修正主义" /057

6 对不自信的下属给予具体支持 /060

7 让优秀员工多干一点儿要强调"一起" /063

第五章 鼓励

1 和被上级否定提案的下属站在一起承担失败 /068

2 对因失误而沮丧的下属袒露自己的失败案例 /072

3 对拼命努力却失败的下属要关注并肯定其过程 /076

4 对说泄气话的下属要关注其背后的原因 /080

第六章 传达

1 针对业绩差的下属先认可再找原因 /086
2 让业绩好的下属多干活要慰问和鼓励并存 /089
3 针对拼命努力却毫无成果的下属 /094
4 对进步缓慢的下属多认可忌比较 /097
5 对有欠缺的下属先认可再指出努力方向 /102
6 对业绩不好的年长下属要肯定其过去 /106
7 对缺乏魄力的下属要给予具体指导 /110
8 针对个人表现无可挑剔但还应具备更多团队合作意识的年长下属 /114
9 利用第三方鼓励来激发年长下属关心团队 /118
10 鼓励忙到崩溃的事务员独立思考解决办法 /121
11 对延误交工的下属要留出确认进度的时间 /125
12 对因追求完美而延期的员工要先满足其自尊心 /130
13 对多次犯同样错误的下属用"什么"代替"为什么" /135
14 对不能将任务落地的下属要强调"一起" /140
15 对缺乏提案依据的下属要给出提示 /143
16 对思想僵化的下属戒频繁批评 /147
17 对总反对却没有落地建议的下属要先满足其存在欲 /151

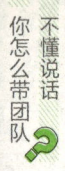

第七章　批评

1　在一开始使用效果显著的铺垫句式　/158

2　边夸奖边批评——方便的"三明治法"　/162

3　对心怀抵触的下属先要满足其被认可欲　/165

4　对受到批评却毫无改变的下属要询问其真正原因　/168

5　对抗打击能力差的下属要用"糖果＋无视"理论　/171

6　对迟迟不着手行动的下属要和其"一起"做　/174

7　对认死理的下属多用"假设性提问"　/178

8　对因为专注于项目而耽误日常工作的下属要多自我袒露　/182

9　针对推卸责任的下属采用"既不赞同也不否定"　/186

10　对被批评过重的下属巧用工作话题转移情绪　/188

结语　/191

第一章

附 和

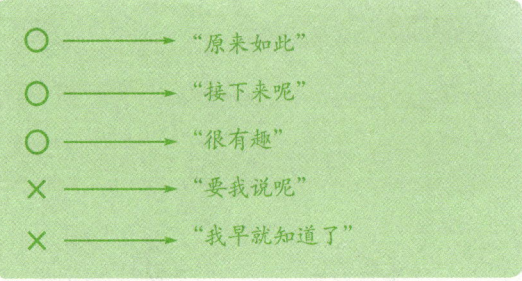

通过交谈带给下属安心感，其根本在于，上司应该先仔细倾听并理解下属所说的话。要让对方感觉到，你是理解并认可他的。

不然的话，很难跟下属建立起信赖关系，这将导致"汇联商"阻碍重重，团队发挥不出应有的效能。

在这种情况下，"附和"是一种有效的手段。哪怕是简单的附和，只要有意识地灵活运用，也能成为强大的武器。

反之，一旦使用不当，信赖关系就会崩溃。例如，很多人是在无意识状态下进行附和的，而且使用的时间很短暂。我们应该抓住附和的要点，这样才能使其行之有效。

好的附和，主要分为六种。

1. 营造畅谈氛围的简短附和

例如"对""啊""嗯"等等。这些附和词所表现出的反应较轻,能营造畅所欲言的氛围。但有两点需要注意,一是要配合对方的语速,二是不要连续重复使用同一个词,比如"对、对、对""嗯、嗯、嗯"。

同一个词连续重复使用三次以上,就变成"我早就知道了,快点儿说完得了""那就随便听听吧"等否定的含义。

2. 促进谈话的附和

"原来如此"

当你觉得对方的言论或价值观跟自己的不同,尽管并不赞同,却又不能表示明确反对的时候,可以使用这种附和方式,不会令对方感到不快。

简而言之,就是在"既不赞同,也不反对,还想让下属再多说一些"的时候,使用这种附和方式比较有效。

"接下来呢""然后呢"

当你想让下属继续说下去的时候,可以使用这种附和方式,相当于给下属一个暗号,表示"我对你的话感兴趣"。

3. 表示赞同的附和

"很有趣"

当你想和下属继续交谈下去的时候,可以使用这种附和方式。"有趣"这个词,会让下属觉得自己的讲话受到了肯定,从而畅所欲言。

"太对了"

当你对下属所说的话表示非常赞同的时候,可以使用这种附和方式。

4. 表示慰问的附和

"我能理解你的心情"

当下属发牢骚的时候,就算你觉得错在对方,也应该先说"我能理解你的心情",这样至少能让下属的情绪在一定程度上有所好转。

第一章 附和

下属之所以发牢骚,不一定是为了得到解决问题的办法,很可能只是想在口头上发泄一番。所以只要上司肯听,下属往往就能满足了。

"那种情况确实不好处理"

当下属向你倾诉烦恼的时候,首先你要理解对方的心情,这一点很关键。只要真诚地说一句"那种情况确实不好处理",下属就会觉得"上司支持我,为我着想",从而对你产生信赖,今后上下级之间的"汇联商"也会顺畅无碍。

"太遗憾了""的确令人沮丧"

当你听下属讲述其失败经历——例如在竞标比赛中败北而感到无比懊恼——的时候,可以使用这种附和方式。像这样站在对方的角度表示感同身受,能让下属的情绪迅速恢复镇定,重整旗鼓。

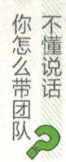

5. 承接相反意见的附和

"这种思路也是有的"

即使下属提出的意见很乏味,上司也不要一口否决,不然可能会引起下属的反感和沮丧,觉得"好不容易提出的意见就这么被一口否决了,那今后还是不提意见好了"。

上司只要使用这种表示肯定的附和方式,就能保持下属的积极性。

"真叫人惊讶"

这种附和方式也可以理解为"我以前竟然不知道""我一直都没发现"等含义。这会让下属觉得自己的意见很有价值,从而感到满足,今后也会更积极地提出意见。

6. 鹦鹉学舌式的回应

当下属所提意见与你的想法完全相反时,你可以仿效鹦鹉学舌,把对方意见的核心内容重复一遍,这样能让下属觉得你对其意见足够重视。

而且下属还会认为,既然上司重复了一遍,那就不会一口否决，所以始终悬着的心就能放下了。

> 【例】
> 下属："关于这次研修旅行的目的地，我觉得纽约比洛杉矶更合适。"
> 上司："纽约更合适吗……（其实已经决定去洛杉矶了）"
> 停顿片刻
> 上司："是什么理由让你觉得纽约更合适呢？"

下面说说应该避免的附和方式。

"是吗"

这种附和方式的潜台词是——上司明确反对下属的意见，不想再听下属继续说下去了。这会让下属觉得上司轻视自己。

"我早就知道了"

上司往往比下属拥有更丰富的知识和经验，所以很多时候，上司对下属所说的话早已一清二楚。你不妨回想一下，看看自己有没有说过"啊，你说的我早就知道了"之类的话。这种话相当于泼冷水，会对下属的积极性造成打击。

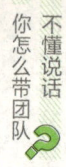

"不可能""绝对""胡说""怎么会"

上司之所以会使用这种不客气的说话方式,也是因为自己比下属拥有更丰富的知识和经验。在听取下属意见的时候,上司是立足于自己迄今所积累的知识和经验之上的,所以对两方面都逊于自己的下属所提出的新意见,容易持怀疑态度。尤其是很自信的上司,这种情况尤为多见。

可是这样一来,下属就不会再提意见了。要知道,革新都是从看似背离常识的地方开始的,如果全面否定,就会失去革新的机会。

所以,上司应该先说"原来还有这种思路啊""啊,原来如此"之类的话,暂时把下属的意见承接下来。

"不过""反正""你看看"

这三个词合称为"打击下属干劲的三大撒手锏"。

> 【例】
> "不过,你还没有工作实绩吧。"
> "反正肯定不可能的。"
> "你看看,我早说过你也不行。"

一旦使用这些否定词,就意味着谈话到此结束了。

"啥?"

当下属讲话不得要领的时候,上司容易使用这种附和方式。在下属听来,这句话并非询问,而是在说"我不明白你在说什么,所以闭嘴吧",很可能会令下属产生强烈的被否定感。

想想你自己还是新人那会儿吧!肯定也有过不得要领的时候吧!

只要记得像这样换位思考,应该就能改变措辞了,由"啥?"变为"这部分能不能说得更详细些?"

"要我说呢"

当上司不接受下属的意见,试图强行改变话题的时候,就会使用这种附和方式。说的人或许不觉得怎样,但听的人会产生强烈的被否定感。

正确的措辞,应该是先说"的确""没错"等表示承接的话,然后再用"我觉得"来陈述反对意见。

开放式提问所需要的答案并非 Yes 或 No，而是让对方根据自己的想法和状况，做出丰富多样的回答。

第二章

询问

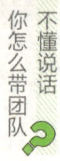

1. 对汇报不得要领的下属避免全盘否定

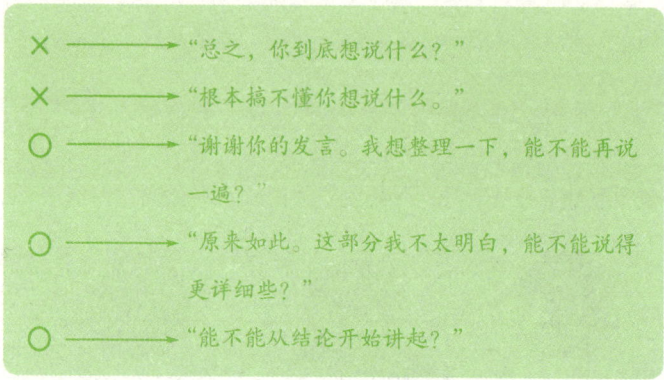

想必每位上司都体验过下属汇报不得要领时的心烦气躁吧。在这种时候,你有没有说过"总之,你到底想说什么""根本搞不懂你想说什么"之类的话,对下属全面否定呢?

这种全面否定,对上司来说是有害无益的。因为这样一来,下属就不会继续"汇联商"了。

如果上司声色俱厉地说出全面否定的话,是不会有下属愿意接近的。或许有的下属还会按时汇报,但面对这样的上司,恐怕他们也只会进行最低限度的汇报了。另外,还可能出现只报喜不报忧的下属。

到最后，下属就会出现如下问题：

- 自己随意做出判断
- 有错误也不汇报，直到发展成严重问题后才慌忙汇报
- 害怕自己遭到否定，只做毫无风险的事

由此可见，全面否定下属是相当危险的。在以下三种场合，上司容易做出全面否定下属的事。

真的不知道下属在说什么

在这种情况下，上司不要责备对方，应该以温和的语气说：

"谢谢你的发言。我想整理一下，能不能再说一遍？"

上司过于追求完美，其实只有一部分没听懂

在这种情况下，只要解决没听懂的那部分就可以了。如果做出整体都没听懂的判断，那就是上司的问题了。之所以出现这种情况，很多时候是因为上司从一开始就没打算去理解下属所说的话。所以，上司应该端正态度，尽力理解下属的发言，然后对没听懂的部分加以询问：

"原来如此。这部分我不太明白，能不能说得更详细些？"

铺垫部分过于冗长，不明白结论是什么

面对这样的下属，上司可以说："能不能从结论开始讲起？"

在前来汇报的下属里，有的人没归纳过自己的想法，也有的人仔细归纳过自己的想法。但即便是后者，在汇报时也可能不得要领，比如害怕威严的上司，由于紧张而变得结结巴巴。

正如我当初刚成为上司时一样，想必有不少人当了上司以后，非常重视自己在下属面前的威严，始终抱着"千万不能被小看"的想法。可实际上，这种毫无意义的威严是没必要的。

上司的职责，是激发下属的干劲，使其采取适当的行动，创造最大的成果。为此，上司应该营造易于交流的氛围。

做到了这一点，剩下的就只有那些没归纳过自己想法的下属了，这时上司该怎么办呢？顺带一提，我以前就是这种类型的下属，每次只要冒出个想法，就会立刻向上司提出，结果老是遭到上司的训斥——"搞不懂你在说什么"。

后来，我参考那些擅长做汇报的前辈，灵活利用5W2H法，每次发言前都会先仔细分析自己的想法。从那以后，我几乎再也没被上司训斥过了。

> **5W2H**
>
> When（期限、实施时间、决定时间）
> Who（决定权者、商议对象等）
> Where（公司名、部门等）
> What（问题点、商品名等）
> Why（理由）
> How（方法、解决对策等）
> How much（金额、数量等）

上司不妨对下属加以指点，按照上述的5W2H法来做汇报。

2. 对汇报坏消息的下属先把话听完

> ○ ——→ "辛苦了、谢谢汇报。能详细说说吗？"
> × ——→ "你是怎么做事的？为什么会搞成这样？"

当下属汇报坏消息的时候，有的上司会条件反射般地大加训斥——"你是怎么做事的？为什么会搞成这样？"大部分坏消息都是由于"下属的失误""早点儿联系就好了"等原因造成的，下属若能稍加注意，原本是不会出问题的，所以上司难

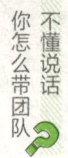

免为此感到烦躁。

我当初刚成为上司那会儿,若有下属来汇报坏消息,总是先臭骂一顿,告诫他们下次不能再犯错误。然而,这样做并非"批评",而是"发火"。

"批评"与"发火"是不同的。"批评"是站在对方的角度,督促对方对自身行动做出适当的改善。"发火"则是站在自己的角度,使自己的情绪得到发泄。

我当初就把这两者混为一谈了,并未着眼于"批评"的本来目的——"改善行动",而是一味地进行"人格否定"。

从"你是怎么做事的?"这样的责骂开始,发展到"为什么会搞成这样?"之类的诘问,然后我会说些"所以说你就是个废物""作为社会人,你不觉得羞耻吗"之类的话,一味地否定下属的人格。

然而,诘问的目的只是让身为上司的自己得到满足而已,并不能解决问题。话说回来,下属为什么要向上司汇报坏消息呢?自然是为了寻求上司的帮助,找到解决问题的办法。而上司之所以仔细听取下属汇报的坏消息,自然也是为了采取适当的对策。

第二章 询问

我当初每次听到下属汇报坏消息，只会勃然大怒，所以来汇报的人逐渐变得越来越少。到最后，即使有人汇报，也总是打马后炮，等到问题汇报上来，局面早已变得不可收拾了。而且就连这些消息，也多是由于某些契机我自己发现的，而不是通过下属汇报得知的。

当时我听说，隔壁部门的前辈课长A很擅长指导下属，各类汇报及时而有效。他跟我不一样，就算听到下属汇报坏消息，也会先说："辛苦了，谢谢汇报。能详细说说吗？"

哪怕明显是下属犯了错，他也会用这样的话表示慰问。见了他的做法，我便询问了一番。

我："对于下属的错误，你并不会发火，而是会仔细听他们汇报完，对吗？"

A："不，我也会批评他们。但如果不先把话听完，批评又从何谈起呢？"

我："原来如此。可是，对下属表示慰问，难道不是在纵容他们吗？"

A："不，慰问是很有必要的。因为下属在向上司汇报之前，肯定已经预想到自己会挨训，考虑过应该怎样汇报才好，也做出了反省……"

我:"话虽如此……"

我当时并没有接受这样的解释,直到听见对方的下一句话,才改变了自己的想法。

A:"吉田,你还是新人那会儿,向上司汇报自己的失误时,也需要很大的勇气吧!而且,上司每次也都帮你善后了吧!"

确实如此。仔细想想,无论是多么优秀的商务人士,以前都有不成熟的时候。你不妨想想自己以前,难道就没有过"知道这件事必须向上司汇报,可又害怕上司发火"的情况吗?

况且,下属犯错以后,肯定一直都在反省。考虑到这一点,难道不应该先对前来汇报的下属表示慰问吗?

可能有人认为,对犯错的下属竟然还要表示慰问,实在太惯着他们了。然而,哪怕你仅仅为了能让下属以后照常汇报,也应该先表示慰问才行。

为此,你不能把眼前的下属看成"捅娄子的废物",而是应该视为"因为犯错而陷入困境的下属""尽管难以启齿,但还是勇敢地前来汇报的下属"。

关键在于，上司应该仔细听取汇报的内容，确认事实。一旦勃然大怒，令下属心生畏惧，下属就可能只会考虑如何摆脱当前的局面，从而对关键问题刻意隐瞒，最终导致上司得不到正确的情报，事情本末倒置。

因此，哪怕只是为了顺利确认事实，上司也应该设法让下属保持平常心。

汇报坏消息的下属，一般都知道自己犯了错，已经做出反省。上司为此勃然大怒，既没必要也无意义。

所以，上司应该先说"能详细说说吗"，借此确认事实，然后询问下属本人的想法，确定问题的原因，最后加以指点，引导下属对自己的行动做出改善。

只要上司能这样做，哪怕是坏消息，下属也会按时汇报，最后问题也会尽快得到解决。

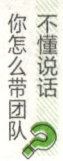

3. 对提不出意见的下属用"比方说"引导其打开思路

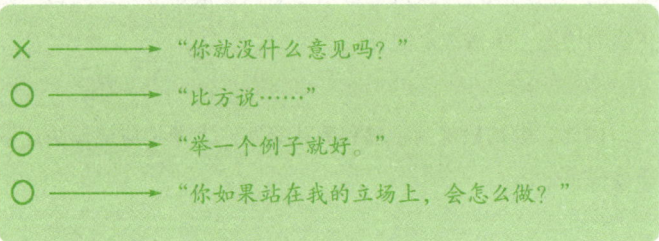

提问大体上可分为两种,即封闭式提问和开放式提问。所谓封闭式提问,是指能用 Yes 或 No 回答的提问,适用于在谈话初级阶段确认事实和内容。

封闭式提问会透露提问者的意图和想法,如果使用不当,会给对方造成压迫感。

尤其是在会议上迟迟得不出问题解决对策的时候,上司就容易使用"你有在思考吗""你该知道那样做行不通吧"等封闭式提问。当初的我就是这样。

这样说会激起下属的自我防卫意识,为了避免摩擦,下属只会做出最低限度的回答,诸如"对不起""是的""我明白了"等等,总之只顾着先摆脱眼前的局面。

在这种时候，上司如果说出"你真的明白了吗""你真的这样想吗""用心想想"之类的话，只会给下属造成压迫感，而人在受到压抑的状态下，本来就想不出好主意。

我以前的一些上司，就只会像这样反复诘问，我当时满脑子都在考虑怎么逃开。显而易见，这种情况毫无效率可言。

相对地，开放式提问所需要的答案并非 Yes 或 No，而是让对方根据自己的想法和状况，做出丰富多样的回答。对方必须开动脑筋，回答起来并不轻松，但能得出适当的、自由的答案。

例如，只要把"你该知道那样做行不通吧"这样的封闭式提问，变成"除了那种做法以外，还有没有别的好办法"这样的开放式提问，对方回答起来就会更容易。如果想让下属动脑思考，主动提出意见，上司不妨使用这种开放式提问，效果很好。

不过，针对那种业绩低迷、很难提出意见的下属，以及缺少经验的下属、性格怯懦的下属，开放式提问的效果似乎并不太好。

下面举个在某次会议上使用开放式提问的例子：

上司:"秋季的宣传活动,试试维持一个月,怎么样?"

下属:"客户的反应差了一点,热度还不够。"

上司:"有没有什么好办法?"

下属:"……"

说到这里,谈话就进行不下去了。业绩低迷或性格怯懦的下属,会提前担心自己的意见不靠谱而惹怒上司,所以什么也说不出来。

面对这种优柔寡断的下属,上司往往会说出"你就没什么意见吗""用心想想"之类的话。我当初就是这样。然而,这种诘问只会把对方一直逼上绝路,反而更提不出意见。

当下属提不出意见,或者有意见却说不出来的时候,有效的提问方式是"比方说"。

"比方说,你想把这个商品当礼物送给重要的人,就不希望它多些别的附加价值吗?"

这种提问是假定"把商品当礼物送给重要的人"这一具体场景,让下属站在消费者的立场上思考。这样一来,下属回答起来就会相对容易一些。

当会议陷入僵局，得不出任何意见的时候，像这样使用"比方说"假定具体场景，加以引导，就能让下属的头脑变得灵活起来，也能让与会成员顺着这个思路进行有效的思考。

另外还有一种有效的提问方式，就是"举一个例子就好"。上司只要求"一个"例子，下属就会觉得"一个例子怎么也能想出来"，心态放松之余，回答起来也就比较容易了。

除此之外，我还经常使用"你如果站在我的立场上，会怎么做？"这样的提问方式。这是我从以前的上司那里偷学来的。听到这样的询问，下属会觉得上司是在认真征求自己的意见。另外，这样提问还有一个好处，就是能让下属站在更高的层面上思考，思路会变得开阔。

4. 对跑题的下属用"也就是说"拉回主题

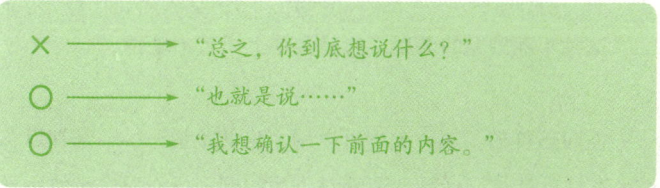

下属在会议上敢于发言是好事，但有时发言可能会偏离议题，使目标变得不明确，离问题解决对策越来越远。

不过，偏离议题的下属其实并无恶意，所以上司不要直接说"你跑题了""你到底想说什么"之类的话，否则会让对方变得消极，就算本来是积极发言的人，也会在不知不觉间变得沉默，为了避免惹怒上司而得过且过。

下面以某次会议上的发言为例：

上司："上周跟各店长进行的面谈，结果怎么样了？"

下属："结果符合预期。据说，以前区域经理的指示有时不能顺利传达给店长和相关负责人，事实确实如此。因为店长太忙了，没时间查看邮件，也没空向其他人转达，商品的交货时间也是乱七八糟。啊，对了，镰仓店的Ａ店长就曾说过，因为忙得顾不过来，甚至发生了两起严重的投诉事件……"

上司："……"（到底想说什么？）

这种不断跑题的下属，的确会令上司苦不堪言。

面对这样的下属，上司可以用"也就是说……"来加以总结，这样就能拽回话题，还能对下属起到引导作用。虽然引导下属发言并不值得提倡，但让下属回归正题还是很有必要的。使用"也就是说……"可以在对方讲话中途顺利插入，不会给对方留下抢夺发言权或盘问的印象。以本例而言，上司就可以使用"也就是说……"来反问对方。

"也就是说，问题有三点。"

另外再举几个有效的提问示例：
"我想确认一下……"
"我想趁着还没忘，先确认一下……"
"最难解决的问题是什么来着？"
"我想确认一下前面的内容……"

像这样提问，就能改变谈话的方向，让下属意识到本来的目的。

针对那些"默默无闻而暗中努力"的下属，上司尤其应该有意识地实践三角式夸奖——当着第三方的面，对不在场的人予以夸奖。

第三章

夸 奖

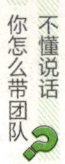

1. 对年长下属用"怎么才能像您一样"的提问来夸奖

> ○ ⟶ "伊藤,能不能告诉我,怎样才能做出像你那样的演示资料?"
>
> × ⟶ "伊藤,你真擅长做演示啊!"

有些年长的下属,或是难以取悦的下属,并不会直接接受上司的夸奖。

他们会疑神疑鬼,怀疑上司别有用心,从而采取"不想被你这样说"的抗拒姿态。

对于这样的下属,我以前一直觉得,"难得夸奖他,没想到关系反而变差了。既然如此,还是不夸他了,只做最低限度的交流好了"。然而,这样做只会令上司与下属之间的鸿沟越来越深。

在这种情况下,如果面对的是比自己年长、在团队里也有影响力的下属,可能会暂时导致所有成员都对你怀有敌意,因此需要格外注意。

第三章 夸奖

下面就以我以前的下属伊藤为例。当时,伊藤大我五岁,而且早我三年进的公司,无论业界经验还是公司履历,都比我丰富,个人能力很强,但他并不会关照后辈。

伊藤尤其擅长制作演示资料,甚至连身为经理的我也想跟他学习。当然,我希望其他下属也能学学他的方法。当时刚成为经理的我,想对伊藤表示夸奖,借此加深交流。可我无数次夸他:"伊藤,你真擅长做演示啊!"他的反应却总是只有一句话——"是吗?"

谈话根本进行不下去。直到有一天,我听到某个下属无意中对我说的一句恭维话,这才恍然大悟。那句话是——

"怎样才能像您那么会聊天呢?"

平时受到直接夸赞,我都会觉得很不好意思,回答对方"没这回事",但面对这样的恭维,我却能面不改色地为对方提供建议。

当时我立刻恍然大悟:这样的提问,是让对方默认接受了"会聊天"这一"前提",所以对方会欣然作答。

如果只是恭维"你真会聊天啊",尽管对方有可能会说"谢谢",但若其本人并不这样认为,就会谦虚地说"没这回事"。如此一来，对话基本上就中断了。

而且这种说法过于武断，可能会让一些人产生"不想被你这样说"的抗拒心理。

与之相比，"边提问边夸奖"的提问方式显然效果更好。

面对这种提问方式，哪怕对方很谦虚也会给出回答，比如"不，我还差得远呢……嗯，我是从模仿其他擅长制作企划书的高手开始的"等等。如此一来，提问方也能用"那我也试试看"来承接，使谈话得以继续下去。

这种"怎样才能"的提问方式，对于那些面对夸奖保持谦虚的下属、难以取悦的下属以及摆出抗拒姿态的年长下属，效果都很好，应该能让他们顺利接受。若有不好夸奖的下属，请务必试试这个办法。

2. 用"贴标签"的方式来激励新人

> "说到冲绳旅行的企划书，当然要问佐濑你了。"

我以前曾在旅游公司工作过。刚入职那会儿，有位名叫青木的前辈很受人尊敬，课长就曾说过："有两天一夜的温泉旅行企划就去问青木。"青木对旅馆的设施状况、饮食、露天温泉周围的景致等公司内部资料中都不曾记载的事情知之甚详。

当时，我是负责制作公司员工旅行企划并接受订单的业务员。那阵子还很流行慰劳旅行，但对于大部分旅游地，大家似乎都已厌倦了俗套的企划，客户纷纷要求提供更独特的企划。

作为新职员，我一有困难就会找青木商量。他在温泉旅行方面的知识量之大，在我们所在的分店，甚至放到整个公司里都是屈指可数的。我从他那里学到了很多有特点的企划，加以活用以后，我的订单也渐渐多了起来。

除了青木以外，公司里还有两位前辈，一位擅长制作冲绳旅行的企划，另一位则是北海道方面的行家。当时，我偶尔会接连制作女性员工较多的公司的慰劳旅行企划，其内容不是泡温泉,而是住在度假村,享受骑马和海上运动。幸运的是,我的企划连续接到了好几家公司的订单。

于是课长说:"有度假村的企划就去问吉田。"老实说,我只是偶尔能接到度假村旅行的订单,就连企划书,也是由旅馆的营业员加以推荐,我仅稍做修改而已。更何况,分店里应该还有更擅长制作度假村企划的前辈。

可是,课长给我贴上了"有度假村的企划就去问吉田"这一标签。当然,我感受到了必须加倍努力学习的压力,但同时,我也体会到了得到认可的喜悦。

我原以为前辈是不至于来找我的,但或许是为了培养我,还真有前辈特意来问我。既然有人问了,我就必须回答。有时我当场答不上来,只能边查阅边回答,但这样过了几个月,我终于成为分店里这方面知识最丰富的人了。

诸如"这个企划去问 A""这方面的业务去问 B"这样的夸奖方式,我将其命名为"标签式夸奖"。

这种"标签式夸奖"可以达到三个效果。

- 满足下属的认可欲求,提高积极性
- 加快下属的成长速度

● 树立成员的自我品牌

我成为咨询顾问以后，经我推荐而实践过这种标签式夸奖的许多公司都表示，员工的成长速度变快了，而且主动性也有所提高。标签式夸奖的效果，甚至能让所有人都等同于项目经理。

使用标签式夸奖，要求上司必须更多地关注下属的长处而非短处，所以效果很好。

3. 利用"三角式夸奖"凝聚团队战斗力

> "伊藤说，把工作托付给你，他就能放心地处理事务了。"

擅长夸奖下属的上司，会使用"三角式夸奖"。这是一种利用第三方的间接式夸奖。

其用法有如下两种：

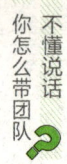

将第三方的夸奖转达给下属

以前,有位课长是我的前辈,很擅长夸人。有一次,他开心地说:"社长在昨天的会议上说,'最近吉田拿下了好多新订单,很努力'。可见社长一直都在关注着我们呢。"

我本来是那种被人当面夸奖就会很开心的人,但那一刻的我更加开心。从对方口中得知来自第三方的夸奖,要比对方直接夸奖更令人开心。

在当时那种情况下,课长若是不同意社长对我的夸奖,就不会特意把那番话转达给我,所以我相当于同时受到了两个人的夸奖。而且,转达来自第三方的夸奖还有个特点,就是能够增强可信度,不会让人以为是客套话。

这是一种很有效的夸奖方式,尤其适合不擅长直接夸奖下属的上司使用。

当着第三方的面,对不在场的人予以夸奖

另外还有一种用法,是对不在场的人予以夸奖。这种方法同样适合不擅长当面夸奖下属的上司使用。被夸奖的对象不在场,夸奖的人就不会觉得不好意思了。

有些人聚在一起的时候,往往爱说不在场者的坏话。在公

司员工下班后的聚会上，这种现象尤为明显。我以前的公司就是这样。在这种场合，所有人的个体意识都会变弱，总是有人会成为"坏人"，其他人则觉得自己没错，整体均缺乏当事人意识。

而且，针对不在场者所说的坏话，肯定会传到事主耳中，再经过添油加醋地传上一圈，人际关系就会更加恶化。我所见过的业绩低迷的团队里，总会存在一个"坏人"。要知道，在消极话题集中的场所，消极也容易蔓延扩散。

为了避免这种情况，我一直有意识地对不在场的人予以夸奖。尤其是在我成为上司以后，这种方法很有效。肯定会有人把我的夸奖转达给那个当时不在场的人，结果，其积极性自然就会高涨。

尤其是对助理等在幕后出力的人，使用这种夸奖方式效果很好。很多依赖这些人的上司，经常认为其工作是"理所当然该做的"，从来不予以夸奖，总是只在意他们犯错的时候。这样做的最终结果，就是在看不见的地方积累大量的压力。

压力在不知不觉间越积越多，终有一天会突然爆发，当事人甚至可能辞职。为了避免这种情况，针对那些"默默无闻而暗中努力"的下属，上司尤其应该有意识地实践三角式夸奖。

下面再介绍一个我的前辈曾经使用的终极夸奖技巧。当团队里存在人际关系并不好的成员时，使用这种夸奖方式效果很好。

假设团队里存在关系不好的 A 和 B 两名成员。和 A 在一起时，说"B 说你的演示资料很易于理解呢"；和 B 在一起时，说"A 说他参考了你在上次会议中针对客户的有效提问呢"。

这样一来，A 就会觉得"哦，看来 B 还是有眼光的"，从而促使两人的关系有所好转。B 也是一样。俗话说"以心传心"，当一个人怀着善意接近另一个人的时候，对方也会同样怀有好感。

后来我也使用了这个方法，可谓成效显著，不仅团队成员的人际关系变好了，整个团队有了凝聚力，而且业绩也有了大幅提升。

4. 当着其他人的面进行夸奖

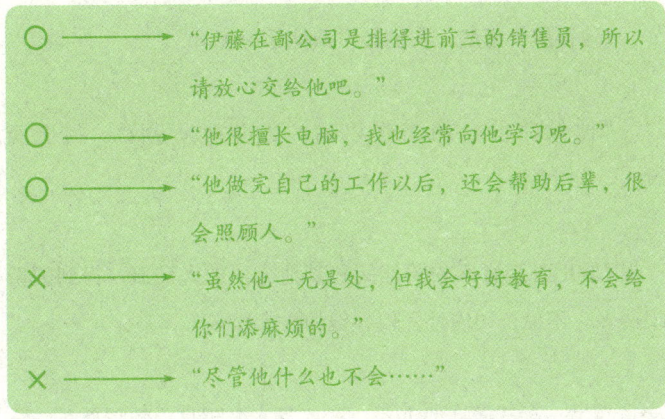

上一节介绍了利用第三方的夸奖方式。除此之外，还可以利用向第三方介绍下属的时机，对下属予以间接式夸奖，同样很有效。

以前，社长带我一同做销售的时候，当着客户负责人的面说："吉田在鄙公司是排得进前三的销售员，所以请放心交给他吧。"社长平时很少夸人，听他那样说，我真的格外开心。

当然，单独面对面的夸奖也是有效的，但当着第三方的面加以抬举和夸奖，效果会更好。

后来，我自己也成了上司，跟下属坐在一起商谈的时候，就会使用"Tee-Up（戴高帽）"法，称赞下属的优点，抬举对方。

"他很擅长电脑，我也经常向他学习呢。"

"他做完自己的工作以后，还会帮助后辈，很会照顾人。"

"他平时经常跟相关部门和其他公司的人交流，得到的情报最多。不论公司内外，信赖他的人都很多。"

相反，有些谦虚的上司，在向外人介绍自己的下属时，常常会说"尽管他什么也不会……""虽然他一无是处，但我会好好教育，不会给你们添麻烦的"之类的话。这样说会伤害下属的自尊心，打击下属的干劲。

我还是新人那会儿，曾跟随一位严厉的前辈一同做销售。那位前辈向客户介绍我的时候，就说了"他还是个雏儿""完全不堪大用"之类的话。我当时备受打击，觉得自己原来这么没用。

不止如此，等到过了几天，我独自去拜访那位客户的时候，对方也说："吉田，你在那样的前辈手下做事很辛苦吧？我有些不放心啊。"

第三章 夸奖

由此可见，像这样故作谦逊的介绍，会给人以消极的印象，让外人都觉得"这家公司不重视人才""竟然让如此不成熟的新人负责项目，看来对方并不重视这次交易"。

客户并不知道项目负责人在其公司内部是做什么的，有着怎样的评价。向客户做介绍的时候，上司若能抬举下属的长处，也有助于赢得客户的信赖，让客户觉得"这家公司很重视员工""对方安排如此优秀的负责人，可见对这次交易非常重视"。

除了对外场合，Tee-Up 这种技巧在公司内部也有很高的利用价值。我以前当课长那会儿，在我的上司部长面前，是这样夸赞下属伊藤的：

"伊藤的韧劲真的很了不起。在前几天与 A 公司进行的演示会上，面对不利状况，他仍然凭着韧劲继续谈判，最后赢得了胜利。"

后来伊藤满脸笑容地对我说："谢谢您在部长面前那样夸我。"当时那一幕，至今仍清晰地刻在我的记忆里。

听见课长向部长那样夸奖自己，任何人都会感到很开心吧。

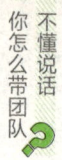

5. 使用"自言自语式夸奖"

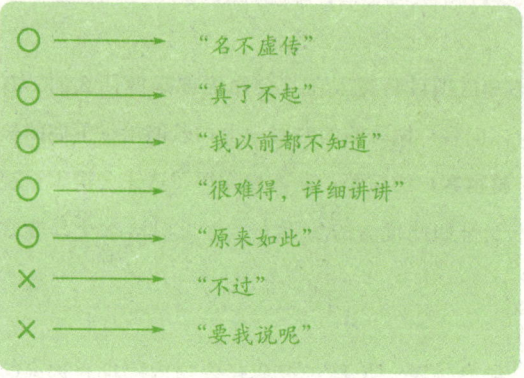

下面说说我以前当销售员时的上司 A。他的口头禅是"名不虚传""真了不起"。这样的夸奖方式,原本似乎有些刻意,但只要把握好时机,从上司嘴里说出来,下属就会觉得很开心。当我汇报好消息的时候,A 就会说出"哇啊""名不虚传""真了不起""帮了大忙"之类的话,而且听起来完全是在自言自语,仿佛情不自禁脱口而出。我成为上司以后,就效仿过他的做法。

我将这种夸奖方式命名为"自言自语式夸奖"。有些人越受到夸奖就会越高兴,变得干劲十足,对于这样的人,"自言自语式夸奖"尤其有效。

不过,"名不虚传"和"真了不起"虽然号称万金油,但在使用时也需要加以区分。

"名不虚传"

应该对业绩好的下属使用。如果对业绩差的下属使用，会令对方觉得"很刻意"。此外，还应该在夸奖下属的擅长领域时使用，否则可能会引起下属的怀疑，觉得上司只是在信口开河。

"真了不起"

当下属接到大订单，或是通过努力终于收获成果的时候，适合使用这种夸奖方式。我以前有个下属，业绩一直不佳，很难接到订单，有一次却接连拿下两个订单，我就这样夸奖过他，事实证明效果显著。

这种"自言自语式夸奖"，用于会议等场合也很有效。开会时，嗓门大或年长的人总是容易霸占发言权。在这种情况下，提出反对意见或插嘴发表意见就变得很难。尤其年轻员工更是如此。即使偶尔提出意见，不是太拙劣就是太幼稚，若是与发言者的意见相反，对方就容易使用"不过""要我说呢"等否定词加以否定。

如此一来，年轻员工觉得自己说了也没用，就不会再发表意见，结果导致会议变得缺乏活性。

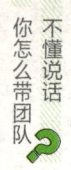

以前面对这种状况,我就会使用"自言自语式夸奖"。若有年轻员工提出意见,我都会给予简短的夸奖。

即使对方提出的意见尚有不足,即使你很想提出反对意见,也不要马上否定对方,应该暂时承接下来,然后再提出自己的意见。这样一来,年轻员工就不会觉得自己的意见遭到了否定,即使没被当场采纳,他们也能继续积极思考,接连不断地提出意见。

下面举三个特别有效的常用夸奖句式。

"我以前都不知道"

有些上司羞于在下属面前承认自己"不知道",会装作一清二楚的样子。其实,只要坦率地承认"我以前都不知道"就可以了,这样能引导下属讲出详情。

第三章 夸奖

"很难得,详细讲讲"

对下属提出的意见很感兴趣时就不用说了,即使当下属的意见比较混乱、难以理解的时候,也可以这样说。如此一来,即使到最后对方的意见未能得到采纳,也能接受这样的结果。虽然这次没通过,但会激发下属的干劲,下次还会继续尝试提出意见。

"原来如此"

当下属的意见跟自己的想法相反时,可以这样说。

针对"失败而沮丧的下属",

上司不妨讲讲自己过去类似的失败经历,

这样能让下属产生共鸣。

第四章

委 托

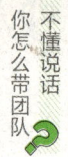

1. 让下属乐于接受委托的表达

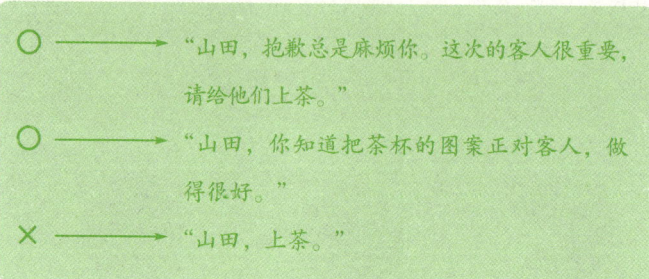

从根本上来说,上司和下属的关系是平等的,并无高低之分,只是职能不同罢了。用棒球来形容,就像投手和击球手一样,哪一方都很重要。

然而,有些上司不明白这一点,把下属视为可以任意摆布的棋子。他们只会一味地下命令,要求下属"把茶端来""去泡咖啡"。

我刚成为上司时就是这样,觉得杂务是下属该做的,而且一直很轻视杂务。

至于现在,我则为当初的想法感到无比羞惭。像以前那样使唤下属,会让下属变得干劲全无,觉得自己只要做好最低限

第四章 委托

度的工作就可以了，这也会导致他们只能完成低品质的工作。

给上门的客人上茶，究竟算不算杂务呢？其实，这是一项很重要的工作，有时甚至会影响到商谈的结果。

有些年长的客户会留意观察对方公司的礼仪。如果员工应对得当，就会给其留下好印象，觉得这家公司足够可靠。既然希望给客户留下好印象，当然应该委托能给别人留下好印象的人去办事。

为此，上司需要使用能让人心情愉快的委托方式。像"山田，上茶！"这样的方式就不行，会让下属觉得"我也是很忙的……为什么非让我去做"。

在这种情况下，上司应该表明重点——这项工作只有山田你才能做好。如此一来，下属就会变得干劲十足。另外，如果总是委托对方做事，上司还应该添加一些表示慰问的话。

"山田，抱歉总是麻烦你。这次的客人很重要，请给他们上茶。""山田，你知道把茶杯的图案正对客人，做得很好。"——像这样表明"非你不可的理由"和"慰问"，是很有必要的。

但要注意，不能总是委托山田一个人给客人上茶，否则会让对方觉得"为什么老是叫我做",也会让其他人以为"为什么总把工作交给她一个人"。为了避免这种情况,上司需要营造公平感。

下面介绍两个营造公平感的方法:

为超过一小时的商谈、午餐、聚会等活动记录次数,让下属确认上司不偏不倚

上司应该经常确认,看看自己是不是总跟特定的几个下属交流。有的下属会积极地接近上司,有的下属则不会。对上司来说,有的下属容易交流,也有的下属不容易交流,所以会出现偏倚的情况。请记得记录交流的次数,以确保不偏不倚。

对所有人统一称呼

不同的称呼,可能会抹杀公平感。我以前管山田叫"小山",管田中叫"老田",而管伊藤直接就叫"伊藤"。

在这种情况下,伊藤就会想:"为什么只有叫我时直呼名字?"为了避免这种情况,后来我就对所有人统一称呼,这样就不会让下属产生不公平感了。

2. 遇紧急工作委托下属的说话要点

> ✗ ——→ "有紧急工作，拜托了。"
> ○ ——→ "有紧急工作，真的没时间了，能不能帮我一起做？"

有时突然来了紧急工作，不得不拜托别人帮忙。不过，并不是所有空闲的人都可以。

既然是工作，如果用命令的语气要求下属帮忙，就会令对方产生"被迫感"，实际表现也不会理想。甚至有的下属还会说："为什么非得让我做？""这件事有说必须要我帮忙吗？"

在这种时候，上司需要注意委托方式。具体来说，委托时应该表明以下三个要点：

为什么需要现在就做

上司有必要向下属表明，这项工作为什么必须现在就做，否则下属的实际表现不会理想。

> 【例】
>
> 这次提交给A公司的方案，有可能实现数百万元的销售额，希望团队齐心协力。但对方三天后就要召开决定会议了，时间很紧迫，所以我们一定要加快进度。

为什么希望对方帮忙

上司应该满足下属的自尊心。如果上司很随意地说"就你吧，快来帮忙"，会让对方觉得换成别人也无所谓，可能就会优先处理其他业务了。

以前，某些前辈有紧急工作拜托我的时候，就会说"就你吧，快来帮忙。分店长也说了，这项工作是公司最看重的，一定要优先完成"。我虽然帮了忙，但老实说，我并没有真心接受，结果只是敷衍了事。虽然是下属，也不能任意摆布。上司有必要向下属表明，为什么希望对方帮忙。

提出委托前先说些铺垫的话，能使语气显得柔和。例如："我知道山田你很忙，但还是希望你能帮我。"这样的委托方式能让对方明白，上司并不是没有考虑到下属的情况。

强调"一起"

强调"一起"很重要，这样不会令对方产生"被迫感"。

从根本上来说，人都是喜欢跟别人一同做事的。即使当业务性质不同，只能一个人做的时候，只要心里想着"项目整体是属于团队的"，就能怀着"为了大家"的心态投入工作。

3. 委托对方制作资料时

> ○ ⟶ "能不能在周三中午12点之前，把周五经营会议要用的资料做出来？"
>
> × ⟶ "在周三之前，把要提交给客户的新资料看情况做出来。"

上司委托下属制作资料的时候，应该给出明确的指示，以避免出现错误或浪费时间。然而，很多上司只会下达表意不清的指示，例如"看情况做出来"。

之所以出现这种情况，是因为日本人过于在意本国固有的所谓"心领神会"了。收到"看情况"等表意模糊的指示时，日本人容易基于自己的经验和价值观，擅自做出解释。

然而绝大多数情况下，上司所认为的"情况"和下属所认为的"情况"，其实并不一致，这就导致下属做出的东西并不符合上司的期待。于是上司就会发火，认为下属"连这点儿小事都搞不清楚"，而下属则会产生抵触情绪，认为上司"现在说这种话完全是放马后炮",从而造成上下级的对立关系。

在这里,我想说一说我本人在这方面的失败教训。

当时,我委托下属山本制作向客户 B 公司提交的报告书。因为他完成工作向无差错,所以我只说了句"提交这份报告书的时间截止到明天,你看情况做出来"。

然而到了翌日早晨,山本仍没有提交报告书。我直接去开会了,直到下午才回到自己的座位上,但还是没收到报告书。山本好像出去跑销售了,我也直接出了公司,到傍晚回来一看,山本总算通过邮件提交了报告书,可是内容很不充分。我把山本叫来,训斥他说:"那份报告书是什么玩意儿?不仅提交得晚了,内容也很不充分,完全不合格。你是怎么做事的?"

后来经过交流我才得知,他认为"在明晚之前做出一份粗枝大叶的报告书就可以了",而我则"希望他在明早提交一份能让客户满意的报告书"。二人的想法大有出入。

我和山本对"看情况"的解释完全不同。

这种时候,错误就在于上司的指示不够明确。上司需要充分说明报告书所要达到的整体效果和目标,否则就不能责怪下属提交的东西跟自己想象的完全不同了。从那以后，我每次委托下属制作报告书时，都会注意以下几点：

事先说明背景

上司把工作交给下属的时候，需要说明该工作的整体意义和具体含义，例如"背景是这样的，所以要求是这样的"。

只要像这样做出充分的说明，下属就能交出你想要的成果。

要让下属知道，这项工作并不只是简单的"转包"，更是推动整体项目进展的重要因素，这样就能激发下属的干劲，进步的速度也会加快。

上司需要告诉下属："这份资料用于什么场合，针对什么人，有着怎样的目的，所以需要在什么时间之前做好。""这份资料的优先级别并不太高。""这份资料只要明白大概就可以了。"

不然的话，下属可能就会付出不必要的劳力。我以前就是这样，接到上司的委托，以为该工作是需要最优先完成的。而且，我还过分执着于细节，资料做得过于详细了。由此可见，事先详细说明背景，能在很大程度上提高下属的工作效率。

去除表意模糊的部分

如果告诉下属截止期限是"明天",那么对方既可以解释成"明天上午 9 点",也可以解释成"明天晚上 11 点 59 分"。因此,上司应该去除表意模糊的部分,使表意清晰明确。另外,上司在进行粗略的说明之后,还应该为下属准备提问时间,以确保自己的指示完全明确。

4. 对不同类型下属用不同委托方式

> ○ ——▶ "只能拜托伊藤你了。说到那个商品,真是非你莫属啊!"
> × ——▶ "伊藤,你是 A 商品促销项目的领导了。"

想把项目交给特定下属的时候,上司应该明确指出,"正因为是你,我才想把这个项目交给你的"。要告诉下属:"因为你在这个领域很强,所以想拜托你去做。"这样一来,对方就会欣然接受。

不过,每个人激发干劲的要点可能并不一样。人在什么时候才有工作的干劲,其要点可以大体分为四类。在委托项目的时候,上司应该根据下属的类型,采用不同的措辞,这样才会有效。

下面就说说各种类型的特征，以及激发干劲的要点。

追求职业生涯升级的下属

这类人非常重视升职、加薪等能够体现自身市场价值提高的事。针对这样的下属，上司应该明确指出："这项工作很重要，有可能让你的职位更上一层楼，我不能交给别人。"

另外，还可以通过"从业绩上来说，这项工作也只能交给伊藤你去做"这样的方式，从重视实绩的角度出发，暗示下属这项工作可能关系到升职加薪。

要让下属明白，即使不能立刻实现，做好这项工作仍是升职加薪的关键。这样一来，下属就会变得干劲十足。

追求回避风险的下属

这是追求稳定、回避风险的一类人。用难听的话来说，他们觉得自己只要做好最低限度的事就可以了，所以不会尝试新的挑战，只会考虑妥善完成当前该做的事。

这类人会提前担心接下项目后的风险问题。因此，上司需要向他们提供能够证明风险很小的材料，好让他们放心。

"已经跟相关部门沟通过了""对方追加了三名参与过去

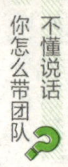

年项目的成员"——这样说就能让下属感到放心了。

同样地,上司还需要明确指出把项目交给对方的理由,例如:"这项工作需要注意细节,我觉得正好适合伊藤你,所以想交给你来做。""只能拜托给伊藤你了。说到那个商品,真是非你莫属啊!"

而且,这样说还能让对方觉得,"不是只有自己对此负责,上司也会承担责任",就能放心了。可以说,他们对"一起"的抵抗力很弱。

追求挑战的下属

这类人同①一样,都是积极向上的类型,但比起升职加薪,"前人未达""业界有史以来""难关"等字眼更能激发他们的干劲。这类人追求的就是刺激。

针对这样的人,只要说"这是从来没人做过的企划""虽然有些风险,但只要做得好,就是业界有史以来的独一份"之类的话,对方就会努力去做。

反之,若是对这类喜欢挑战难关的人说"这项工作很简单""是个人都能搞定"之类的话,反而会降低他们的积极性。

追求自由的下属

这类人不喜欢被人指挥，讨厌束缚，其干劲会随自己所能拥有的裁量权的大小而变。

针对这类人，上司需要让其本人自行决定、着手、调整工作的进展方向。

而且，即使是委托同样的工作，与其说"这方面你可以按自己的意思去做，但这里和这里必须按要求去做"，不如说"在遵守这两个要点的基础上，制作企划时可以任你自由发挥"，这样更能激发干劲。

5. 想让下属积累经验时采用"修正主义"

> O ——→ "失败也不怕，我来承担责任。"
> X ——→ "既然非要做，你就得承担后果。"

想让下属得到成长，就必须让他们逐渐面对新的挑战。的确存在失败的风险，但如果害怕失败，下属和团队都无法进步。不仅如此，在这个日新月异的时代，可能还会渐渐被别人甩在身后。

成长必然伴随着失败。用原职业棒球教练野村克也的话来说，失败的读音就是"成长"。因此，上司应该采取"修正主义"的思路，即使下属失败了也不怕，只要及时修正就好。

为此，上司也不能害怕失败，必须采取容许失败的态度。只是很多时候，上司想让下属迎接挑战，可下属却想回避挑战。之所以出现这种情况，是因为有的上司面对失败会逃避，让下属承担责任。

下面我又要说说我当初刚成为上司时的故事了。当时我在管理职位上屁股还没坐稳，所以很害怕失败。我的目标并不是带领团队和下属进步，而是不失败就好。也就是所谓的扣分主义。

因此，那些希望迎接新挑战的下属提交的方案，我一概予以否决，可谓油盐不进。

下属的意见若是不被接受，自然也就没了干劲。当时的我别说接受下属的意见了，根本就是连听也不听。结果，有的成员辞了职，团队业绩也一路跌至公司最差。

在这个过程中，只有那么一次，有个下属越过我，直接向部长提交了宣传活动的企划书。部长认为迎接新挑战是件好事，就批准了那份方案。身为课长的我，竟然是从部长口中才

第四章 委托

得知此事的，实在太难为情了。

我对那个下属很生气，就说了这样的话：

"既然非要做，你就得承担后果。"

听了这句话，那个下属立刻变得干劲全无，满脑子想的都是如何避免失败，根本没心思做好工作。最后，那次宣传活动也确实难以令人满意。

于是我又对他说："果然不行吧，还是别做无用功了。"这句话恰巧被部长听见了，他立刻把我叫出去，斥责我说："作为领导，怎么能阻挠拼命努力的下属呢？"后来我就被降了职。现在想想，我被降职简直就是顺理成章的事。

隔壁有个团队，业绩和状态都很出色。几个月后，我听见那个团队的课长跟下属交谈时，说了这样一句话：

"失败也不怕，我来承担责任。"

那个下属立刻就变得活力十足了。这是理所当然的，因为听见这样的话，就能毫无顾忌地放手去拼了。

直到那时，我才重新意识到，当领导就该像那位课长一样。

想让下属积累经验的时候，上司应该尽量消除下属的不安。下属可能会失败，责任或许要由上司承担，但上司需要拿出勇气来。只有具备能拿出勇气的足够的度量，下属才会紧紧追随。或许内心会有些不安，但请做一个敢于承担责任的上司吧！只要做到这一点，下属就会自发行动起来，你也能拥有一个强大的团队。

6. 对不自信的下属给予具体支持

有时上司想把一些工作交给下属去做，因为这关系到下属的成长。可是，一旦下属表示"做不到""没自信"，有的上司就会说："难得给你这样的机会，你竟然不接受？"

> ○ ➡ "哪方面没自信？"
> × ➡ "说这种话，永远也别想进步。"
> × ➡ "我像你们那会儿，什么工作都接过。"

我以前在这种时候，曾使用过如下措辞：

"说这种话，永远也别想进步。"

"我是为了你好，才把工作交给你做。你没干劲吗？"

"我像你们那会儿，什么工作都接过。"

这样的措辞只会引发下属的抵触情绪。那么，应该怎样回应呢？在这种情况下，应该先把"做不到吗""没自信吗"之类的话重复一遍，对下属的意思表示理解。哪怕下属没说出来，只是表情中缺乏自信，上司也应该这样做。

只要重复一遍，就能让下属觉得上司在认真听自己的意见，从而产生"上司担心我，我不想给上司添麻烦"的想法。然后，上司就可以询问"哪方面没自信"了。

可分为两种情况：

整体没自信

有的下属就像前面提到的那类追求回避风险的下属一样，害怕失败。针对这样的下属，上司应该像前文所写的那样，表明"我来承担责任"。

举个对话的例子：

上司："中西，从下个月开始，你来负责Ａ公司吧。那可是大客户，这项工作很有意义。"

中西："啊？Ａ公司吗？课长，以我的实力能行吗？我没什么自信啊。"

上司:"哦？没什么自信吗？哪方面没自信？"

中西:"我担心失败了可怎么办。"

上司:"哦，原来是担心失败啊。我来承担责任，你就大胆去做吧！"

上司只要像这样说，下属就会欣然接下这项工作。

部分没自信

下属之所以回答"没自信"，有时是出于具体事由。在这种情况下，上司不妨问问"哪方面没自信"。

上司:"中西，从下个月开始，你来负责Ａ公司吧。那可是大客户，这项工作很有意义。"

中西:"啊？Ａ公司吗？课长，以我的实力能行吗？我没什么自信啊。"

上司:"哦？没什么自信吗？哪方面没自信？"

中西:"我从没接手过酒店界的客户。"

上司:"哦，那我一会儿给你讲讲吧。"

只要上司像这样对下属没自信的部分表示支持，就能让下属拥有积极的心态。

7. 让优秀员工多干一点儿要强调"一起"

> ○ ——▶ "还差一点儿，团队销售额就能达成目标了，只要再赚五万元就行了。"
>
> × ——▶ "为了团队，请再多赚五万元。"

下面讲一个我以前当销售经理时的小故事。当时，那个月的销售日还剩三天，销售额目标达成率为90%。若是不能全额实现目标，当月的业绩可就不好看了。

截至当天，在所有十一名成员中，只有两人完成了目标，其中一人作为新人，已经做到了最好；另一人则是金牌销售员T，当时的销售业绩在全公司连续三个月排名榜首。

事实上，在上个月的最后一周，为了团队整体考虑，我就把T的个人目标调高了。当然，对尚未达成目标的其他成员进行批评激励，也是很有必要的，但光是如此还远远不够，这个月仍然需要T继续提升销售额。

在这种情况下，如何对T措辞，就显得至关重要了。事实

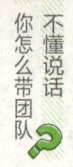

上,业绩最好的人平时反而很少受到夸奖,因为人们往往觉得"他做得好是理所当然的""他的性格本来就适合做销售"。

只有当业绩下滑,或是需要其为团队提供帮助的时候,周围的人才会发出声音。这样很容易引发其不满。

如果继续像上个月那样,调高T的个人目标,他可能就会变得干劲全无。可是,要想让团队连续六个月实现目标,T的能力又是不可或缺的。

烦恼之下,我跟上司销售部长谈及此事,部长告诉我,想让金牌销售员再多努努力,有两点至关重要。

不要说得好像理所应当一样

"为了团队,请再多赚五万元。"——这样的措辞,很可能引发对方的抵触情绪。从T的角度来看,他可能会想:"上个月就是这样。为什么不设法激励一下其他未能达成目标的成员呢?"为了避免这种情况,上司需要多少表现得谦逊一些。

首先,上司应该对下属这个月完成目标的事表示慰问,同时提出请求:"谢谢你这个月达成了目标,但团队目标还差一点儿,这个月你能不能再帮帮忙?"

这种委托方式能让对方觉得,上司对自己是足够认可的。

事实上，T当时也接受了调高个人目标的要求。

强调"一起"

出人意料的是，金牌销售员们常会感到孤独。因此，若是调高个人目标，他们可能就会觉得"又是只针对我一个人"。

所以，上司应该表明："能不能一起为团队目标做打算？"

这样一来，对方就会变得积极起来，有时甚至还会主动向后辈们传授销售窍门。

上司和下属的关系是平等的，

上司需要使用能让下属心情愉快的委托方式，

要营造公平感。

第五章

鼓 励

1. 和被上级否定提案的下属站在一起承担失败

> ○ ——→ "我觉得挺不错的，只是这部分，部长好像没能接受。咱们一起来想替代方案吧！"
> ✕ ——→ "部长说不行。"
> ✕ ——→ "部长说不符合公司方针。"

作为课长，你认可下属做出的企划，并向部长提交，却被部长否决了。在这种时候，你会向下属提供怎样的建议？

我以前当课长那会儿，是像下面这样说的：

上司："辛苦了，有时间吗？"

下属："您有什么事？"

上司："你之前提交的那份年末宣传活动的方案……部长说不行。"

下属："……"（那还要课长有啥用？）

上司:"没办法,再做一份新企划吧。"

下属:"……"(还是算了,反正也通不过)

这样的措辞,会令下属丧失积极性。在这种情况下,下属的愤怒不会指向部长,而是会指向身为课长的我。可能有人觉得,否决企划的人明明是部长啊,但不管怎么说,课长终归难辞其咎。

的确,作为课长,就算再怎么打包票,最后还是得由上头拍板决定。只要自己不是社长,就可能存在意见不合的情况,未必所有意见都能通过。

"因为上头是这么说的。"

"部长说不行。"

"部长说不符合公司方针。"

——身为课长,可能想说这样的话。然而,这些说法只是逃避责任罢了。

下属想听的并不是"上头如何如何,方针怎样怎样",而是"你怎么看?你觉得哪部分欠妥?"不然下属是不会接受的,还会觉得上司的存在毫无意义。

你需要在中间充当翻译,不是直接转达"因为上头说不行",而是要说明"哪部分欠妥",然后可以说今后一起考虑如何应对。

这样一来,下属就能接受,还会考虑下次如何改进,不会丧失积极性。

因此,上司应该像下面这样展开谈话:

上司:"辛苦了,有时间吗?"

下属:"您有什么事?"

上司:"你之前提交的那份年末宣传活动的方案,没能通过审议。"

下属:"……"(是因为哪里没做好吗)

上司:"据说是因为对象商品太多,过于耗费预算。"
　　　(→表明事实)

下属:"……"(是这样吗)

上司:"可能确实太多了些,抱歉我没发现。"(→以上司的身份指出欠妥的部分)

下属:"是这样啊。"

上司:"我觉得,可以把十项归纳成三项,这样广告费也能减少一些。"(→以上司的身份指明方向)

下属:"确实如此。"

上司:"这周三或周四下午,咱们一起想想吧。"(→指出事后对策)

下属:"那就请从周三下午三点开始吧。在那之前,我也会仔细想想的。"(重新变得干劲十足)

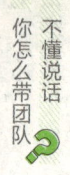

2. 对因失误而沮丧的下属袒露自己的失败案例

> "人无完人,有失误才能进步。"
> "也许很难过,但只要跨越过去,就能获得前所未有的自信。"

上周,我有个叫青木的下属,因为小数点弄错了一位,计划未能按预定执行,交易临时终止了。对方是个大客户,在整个公司里都能排进前三,所以犯错的青木非常沮丧。

整个公司的人都知道了这件事,青木总担心有人在背后议论自己。

直到这周一,青木仍然没能从沮丧中走出来。在这种情况下,有的上司可能会加倍责备青木,但那样做并不好。

当下属陷入沮丧的时候,上司怎能穷追猛打雪上加霜呢?那样做毫无意义,只会让下属变得更加沮丧。当然,犯错的下属应该承担责任,但一味斥责只会让下属感到疲惫,搞不好还会出现心理问题,甚至可能辞职。

另外,这样做还可能导致下属对失误隐瞒不报。所谓失误,并非故意为之,也很难完全避免。一味追究已经发生的失误，并不能解决问题。倒不如把下属的沮丧视为反省，而上司最应该做的，就是把下属从沮丧中解救出来。为此，上司需要注意以下三点：

讲述自己的失败经历

针对"失败的下属"，上司不妨讲讲自己过去类似的失败经历，这样能让下属产生共鸣。

没在下属心里留下过失败印象的上司，无论讲什么都没多少说服力，而坦言失败经历的上司所说的话，就能让下属产生共鸣。

"人无完人，有失误才能进步。"——这样说也能让下属心有戚戚。

讲讲未来的目标

心理学家威廉·格拉瑟博士有句名言——"别人和过去无法改变，但自己和未来可以改变。"正如这句话所说，过去是无法改变的，所以已经犯下的失误也是无可挽回的。

下属已经做出了反省，在这种情况下，上司应该说"也许很难过，但只要跨越过去，就能获得前所未有的自信"，把话题引向未来。一味否定过去的事，并不能解决问题。

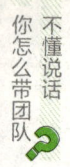

对下属表示安慰，一起思考改善对策

针对犯下严重失误的下属，上司需要对其难过的心情表示理解和安慰，这样能让下属的情绪得到缓解，然后只要一起思考改善对策就可以了。而且，当下属表现出一定的改善和变化时，上司还应该有意识地予以夸奖。

上司："上周很辛苦吧？周末好好休息了吗？"（→安慰下属）

青木："没，因为那次失败是我的责任。真的很对不起……"

上司："我刚进公司第二年的时候，也犯过很严重的失误。客户大发雷霆，各方面都向我追究责任，很辛苦呢。"（→自我表露）

青木："课长您也经历过那样的事？"（惊讶）

上司："是啊。当时我和你一样难过，拼命同各方面交涉，才让他们接受了新的修正提案。对方就是现在的

B公司。"

青木:"B公司？那不是现在全公司最重要的大客户吗……"

上司:"没错。那次失败给我上了一堂好课。从那以后，我做事就慎重多了……人无完人，有失误才能进步。"

青木:"是。"

上司:"也许很难过，但只要跨越过去，就能获得前所未有的自信。今天下午，咱们一起想想这次的改善对策吧。"（→把话题引向未来，一起思考改善对策）

青木:"是。拜托您了。"（表情变得开朗）

3. 对拼命努力却失败的下属要关注并肯定其过程

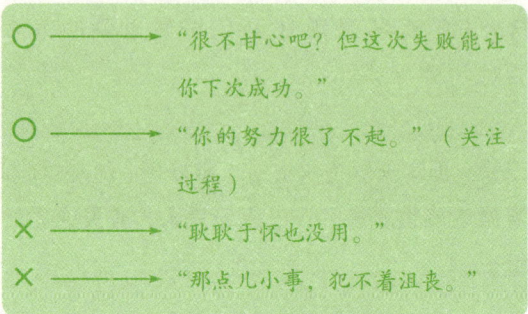

- ○ → "很不甘心吧？但这次失败能让你下次成功。"
- ○ → "你的努力很了不起。"（关注过程）
- × → "耿耿于怀也没用。"
- × → "那点儿小事，犯不着沮丧。"

上周，在有望成为大客户的C公司举行的业务比赛中，近一个礼拜天天通宵制作比赛资料的山中遗憾败北，直到这周仍很沮丧。他的心情可以理解，但这样下去的话，其他工作也要荒废了。正如前文所述，过去是无法改变的。基于这样的想法，课长找山中进行了一番谈话，试图让其着眼于未来。

课长："山中，辛苦了。C公司的比赛真遗憾啊！"

山中："是……"

课长："不用放在心上。耿耿于怀也没用。那点儿小事，犯不着沮丧。着眼于以后吧，继续努力。"（→只关注结果）

山中："耿耿于怀？课长你根本就不明白。"

课长："你这样说是什么态度？对已经结束的事耿耿于怀有什么用？况且其他业务都要荒废了。"

山中："……"（这样根本没法谈）

课长："你给我振作点儿！"

课长没想到山中会出言顶撞，心烦意乱之下，不禁大发雷霆。这样一来，下属就不会再信赖课长了。课长说"不用放在心上"，原本是出于安慰，可山中却因此崩溃了。

事情为什么会变成这样呢？

从根本上来说，课长与山中之间存在很大的差距，二人的业务比例天差地别。从销售业绩的观点来看，C公司的比赛对于山中可能非常重要。相反，课长也许觉得，C公司还没真正成为客户，而且该公司经常举办比赛，所以没必要投入过多的精力。

可是对山中而言，这是他拼命努力过的业务，用"那点儿小事"来形容并不合适。就算课长并不是这样想的，只是为了给山中加油鼓劲，也容易激起对方的抵触情绪。

在这种情况下,上司应该使用怎样的措辞呢?

课长:"山中,辛苦了。C公司的比赛真遗憾啊!"

山中:"是……"

课长:"很不甘心吧?但这次失败能让你下次成功。"
（→对下属的心情表示理解和安慰）

山中:"是……这次失败真对不起。"

课长:"不用道歉,你的努力很了不起。"（→关注过程）

山中:"不,终归怨我实力不足。"

课长:"对了,你觉得这次比赛哪里做得比较好?"（→让下属着眼于积极的方面）

山中:"嗯,成功地让对方喜欢企划内容了。"

课长:"噢,对方满意内容,这很好。那你想过下一次该怎么做吗?"(→把话题引向未来,促进行动改善)

山中:"嗯,这次的报价彻底失败了,我想找找新的供货商。"

关键在于以下两点:

除了结果,还要关注过程

上司如果关注了过程,想必就不会轻易说出"那点儿小事"之类的话了,对下属的安慰也不会招致反感。

即使结果不好,也要着眼于积极的方面

哪怕结果不好,从面向未来的角度去看,事情也有其积极的一面。只要上司能从这样的角度看待问题,就不会轻视下属了。

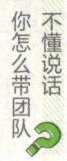

4. 对说泄气话的下属要关注其背后的原因

× ──▶ "别找借口。说这种泄气话有什么用?"

○ ──▶ "哦?是哪部分让你这样想呢?"

○ ──▶ "从最坏的情况考虑,你害怕出什么事?"

既然把项目交给你了,你就要负责到底——这是上司的想法。然而,有的下属会在中途说出泄气的话。

下面所说的事,发生在某个客户身上。该客户让其下属负责一家分店的开业事宜,但那个下属却说了泄气的话。当时,该客户是像下面这样严厉回应的:

下属:"经理,您现在方便吗?"

上司:"有什么事?"

下属:"关于明年1月川崎店计划开业的事,我担心会不顺利。听说同行B公司的川崎店就因效益不佳而关门了。"

上司:"事到如今就别找借口了。说这种泄气话有什么

用？"（→高压态度）

下属："对不起……"（不知如何是好）

上司："你的气势不足啊，再认真努点儿力。"

下属："是……"（话虽如此，光靠气势有啥用？怎么办啊……）

下属说出泄气的话，在某种意义上算是一种"汇联商"，而且也接近真心话。但在上司看来，或许只会觉得下属是在纵容自己。

川崎店的开业，是那位经理的提案。身为上司，他不想听见消极的意见。

的确，作为上司，或许并不想听见下属说泄气话。上司肯定想对下属说："你怎么好意思说泄气的话？既然已经决定了，就不要放弃。"

然而，那些泄气话里其实隐藏着真正的情报。说泄气话的下属，是在向上司告知真正的状况。如果直接拒之门外，下属就不会再汇报坏消息了。事实上，那个下属后来就是如此，因为他害怕惹怒上司，觉得还是隐瞒不报为好。

结果，当那个经理得知实情的时候，事态早已无可挽回。川崎店虽然如期开业了，但不到半年就关了门。那个经理非常后悔，觉得"当时要是能听听那个下属的话就好了"。

首先，上司应该对下属说泄气话的行为表示理解，然后追查原因，寻求解决之道。

下属："经理，您现在方便吗？"

上司："有什么事？"

下属："关于明年1月川崎店计划开业的事，我担心会不顺利。"

上司："哦？是哪部分让你这样想呢？详细说说。"（→承接下属的话＋引出详情）

下属："听说同行B公司的川崎店就因效益不佳而关门了。"

上司："是吗？从最坏的情况考虑，你害怕出什么事？"（→让下属从面向未来的角度思考）

下属："我担心不能按计划吸引客人。"

上司:"让市场部提供协助,详细调查一下怎么样?"
　　　(→提案)

像这样先承接下属的泄气话,再一起寻求解决之道,事情的发展或许就会变得截然不同。

的确,下属说泄气话,可能只是因为单纯的不安,但很多时候,其中也隐藏着情报。

上司不应该匆忙否定,而应将其视为获得情报的契机。

针对业绩低迷的下属,上司应该先寻找下属的优点,予以褒奖。什么优点都可以。

第六章

传 达

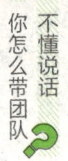

1. 针对业绩差的下属先认可再找原因

> ○ ——→ "你制作的方案书很易于理解。销售中有什么问题吗?"
>
> × ——→ "你的业绩什么时候才能提升啊?"

针对业绩低迷的下属,上司容易一味地做出警告。然而,业绩差必然有其原因,如果不能克服这个原因,问题是解决不了的。

因此,上司需要仔细了解下属的现状。为此,首先需要营造易于交流的氛围。我以前业绩差的时候,就不想接近上司,甚至可以说,为了避免挨训,我会积极地避开上司。

也就是说,上司若是一味训斥,只会令下属疏远自己,难以把握真正的问题点。这样下去,永远也找不到解决问题的办法。

因此,上司应该先寻找下属的优点,予以褒奖。什么优点都可以,例如擅长制作企划资料,或是擅长寒暄,等等。

人一旦受到夸奖，就会向对方打开心扉。然后，只要问清问题点就可以了。

下面这个失败的例子，就是某位销售课长诘问业绩差的下属时的对话。

上司："高井，这几个月你的业绩一直低迷。到底有没有干劲啊？"

下属："对不起，我会努力的。"

上司："别总是光嘴上说。之前就惹得客户投诉，赶紧想办法自立啊。"

下属："是，对不起……"（只想赶快逃开）

这种批评方式之所以不好，原因在于以下两点：

会让下属觉得自己全无是处

也就是说，下属会觉得"业绩差＝一切都差"，这样只会让下属丧失自信。而且，"到底有没有干劲啊"之类的措辞，对于找到解决办法没有丝毫帮助，称为"上司想让下属道歉"的利己主义也毫不为过。

拿以前的投诉说事儿

拿过去发生的问题说事儿,并不是好办法。批评应该只针对一件事进行。

在这种情况下,上司应该像下面这样说:

上司:"高井,辛苦了。你前两天制作的报告书,很易于理解,帮了人忙。"(→先予以夸奖,让下属放松)

下属:"谢谢。"

上司:"对了,这个月已经过半了,销售额还不太好看啊。"(→陈述事实)

下属:"是,这个月也做得不好,对不起。"

上司:"不用道歉。我知道你在拼命努力呢。"(→表明对下属的信任,偷懒的下属这时就会反省)

下属:"是。"

上司:"销售中有什么问题吗?"

下属:"拿不到新客户。最近只能取得预约,但无法更进一步。"

上司:"能取得预约了吗?很好。接下来该怎么说呢?咱们一起想想有没有什么好办法。"(→认可下属的成长)

上司应该像这样先予以夸奖,让下属放松。如此一来,下属就会觉得上司认可了自己好的部分,从而对上司产生信赖,形成易于交流的氛围。针对业绩差的下属,最关键的一点是要问清当前的问题,然后设法解决。

一味地大发雷霆,只会让下属心生畏惧,对于解决问题没有丝毫帮助。

2. 让业绩好的下属多干活要慰问和鼓励并存

> ○ ——→ "谢谢你一直都很努力。作为下任经理,希望你能多关照后辈。"
> ✗ ——→ "你在顾及自身业绩的同时,还得在行动时多想想团队啊。"

一方是想提升团队业绩的经理,另一方是只顾提升个人业绩的销售员。二者的立场有时是对立的。

在这里，我想稍微讲讲我过去的经历。

我当销售经理那会儿，有个业绩拔尖的下属，名叫中西。某月中旬，他连续六个月达成了个人目标，由于手上有两个大客户，所以直到月末，他都比较清闲，似乎想留些精力到下个月再用。

然而，整个团队却面临难以达成当月目标的危险。直到上个月，团队已经连续三个月达成目标，但最近两个月，月中旬的销售额很不好看，所以我都把中西的个人目标从100%调高到了105%。

我认为，既然要推荐中西当下任经理，那他就不仅应该调高当月的个人目标，还应该带团队里的后辈一同做销售，培养团队意识。我觉得他没有理由不帮忙，就提出了要求，可他的反应却委实出乎我的意料。

我们之间的对话如下：

上司："中西，辛苦了。这个月也进入后半段了，你本月的目标看来也达成了。"

下属:"是的……"（又要调高目标了吗？饶了我吧！）

上司:"你也看见了，团队这个月的销售额不太好啊。"

下属:"是啊。"（来了，肯定又要调高目标……）

上司:"为了团队，希望你这个月也能做出超额的销售业绩。"

下属:"知道了。"（果不其然）

上司:"还有，木村和仁科还是新手，工作进展困难。你能不能带他们一同做销售，给他们做个示范？"

下属:"还要带他们做销售吗？加上调高目标，我忙不过来啊。"（为什么只针对我？）

上司:"因为你是团队的王牌嘛。在顾及自身业绩的同时，还得多想想团队啊。"

下属:"是，是……"（露出难以接受的表情）

的确，使用这样的措辞，下属中西是无法接受的。我现在已经明白了，只可惜当时不懂。

这样的措辞会让下属丧失干劲，甚至连个人销售业绩都有下滑的危险。人不能只靠金钱或名誉来控制积极性。

上司应该像下面这样，一边慰问一边交谈：

上司："中西，辛苦了。这个月也进入后半段了，你本月的目标看来也达成了。"

下属："是的……"（以为又要调高目标）

上司："你也看见了，团队这个月的销售额不太好啊。"

下属："是啊。"（我知道了，说吧）

上司："中西，谢谢你一直都很努力。真的帮了大忙。"（→从上司的角度表示慰问）

下属："是。"（……有事要拜托我吗？）

上司："唉，老是要拜托你，真不好意思。希望你这个月也能做出超额的销售业绩。还有，作为下任经理，希望你能多关照后辈。当你成为经理的时候，这些经历都会帮到你的。"（→使用铺垫语）

下属："呵……除了调高目标，还要照顾后辈？"

上司:"我知道很为难,但拜托了。我想推荐你当下任经理。以前的课长要我带后辈一同做销售的时候,我也觉得很麻烦,但现在想想,正因为有过那样的经历,我才能顺利地坐上管理职位。"(→表明拜托的理由 + 自我表露)

下属:"原来如此,请务必交给我吧。"

关键在于以下两点:

表明要求其具备团队合作意识的理由

反面示例的措辞,是把要求其具备团队合作意识视为理所应当的,下属并不会接受。而在正面示例中,上司表明了推荐中西当经理候补的理由。

只有有了能够接受的理由,人才会开始行动。在终身雇佣制已经崩溃的今天,"为了团队(公司)努力"的措辞并不能说动下属。

提出要求前使用铺垫语表示慰问

很多上司会把工作集中交给业绩好、工作能力强的下属。我以前就是这样。也许上司觉得不要紧,但对下属本人来说,可能就会成为很大的负担。

建议上司使用"老是要拜托你,真不好意思"之类的铺垫语,谦逊地提出要求,下属就会积极接受了。

倘若上司视为理所应当,就会激起下属的抵触情绪。

3. 针对拼命努力却毫无成果的下属

> ○ ——▶ "谢谢你一直都很努力。我以前也经历过拼命努力却做不出业绩的时候呢。哪里有困难吗?"
> ✕ ——▶ "结果就是销售的一切。你再出去多跑跑。"
> ✕ ——▶ "怎么就是做不到呢?"
> ○ ——▶ "问题出在哪里?"

针对做不出业绩的下属,上司往往试图通过批评进行激励,促其奋起,但这样做反而容易适得其反。

下面就以我刚成为销售经理时的对话为例。

上司:"辛苦了。这个月的进度还是停滞在 70%,这样下去又达不成目标了。"

下属:"是,对不起……"(能不能赶紧说完?)

上司:"怎么就是做不到呢?"(→这样说于事无补)

下属:"对不起。"(怎样才能摆脱呢?)

上司:"结果就是销售的一切。你再出去多跑跑。"

下属:"是,我会努力的。"(逃一般地离开了公司)

这样下去,就算下属增加拜访客户的次数,结果也不会有任何改变,因为上司并没有引导下属寻找解决对策。既然下属已经在拼命努力,到了这一地步,肯定已经很羞愧了,所以上司应该仔细考虑措辞。

在这种情况下,上司应该像下面这样说:

上司:"辛苦了。这个月的进度还是只有70%吗?这样下去,恐怕又达不成目标了吧?"

下属:"是的。"

上司:"谢谢你一直都很努力。我以前也经历过拼命努力却做不出业绩的时候呢。"(→慰问+自我表露)

下属:"是。"(没想到课长也有这样的时候)

上司:"哪里有困难吗?"(→针对事情本身进行提问)

下属:"事实上,收官阶段的签约环节不太顺利。"

上司:"哦,签约有困难吗?咱们一起思考改善对策吧。"

在这种情况下,上司应该意识到以下三个要点:

对下属的拼命努力表示慰问

如果下属偷懒,上司自然需要严厉批评,反之就该先表示慰问,然后一起思考解决办法。

上司自我表露,让下属感到安心

此外,毫无成果的下属为了不惹怒上司,往往会以一句"我会努力的"敷衍了事。

因此,上司应该坦言自己的失败经历,向下属敞开心扉,这样能让下属感到安心。

这也可以称为"自我表露的回报性"。所谓自我表露的回报性,是指你向对方敞开心扉,对方同样也会向你敞开心扉。

下属会想:"经理向我讲了自己的糗事。经理也有过失败。

那我就实话实说吧，跟经理好好商量商量。"

提问应该聚焦于"事情本身"，而不是针对人

"为什么就是做不到呢？"——这样的措辞，是把焦点放在了人的身上，会让对方觉得自己受到了责备，只会考虑如何逃离现场。

相反，上司如果说"问题出在哪里""失败的主要原因是什么"，其针对的对象就是事情本身，所以下属不会觉得自己受到了责备。

4. 对进步缓慢的下属多认可忌比较

> ○ ——— "进度比上次快了呢。"
> × ——— "究竟到什么时候才能自立？你可被A远远甩在后头了。"

针对迟迟不能进步的下属，有些上司总爱一味地进行批评。例如，课长让下属多田赶在销售会议之前做好新商品A的促销企划书。

上司："下次销售会议上要提交的新商品A的促销企划书，

做得怎么样了？"

下属："目前正在考虑通过哪家媒体进行宣传。"

上司："媒体这些细节以后再考虑就行，首先是要确定日程。日程表做好了吗？"（→以不容分说的口吻）

下属："啊……（糟了）我现在就做。"

上司："从我吩咐下来，已经过去三天了，这段时间你到底在干什么？上次我就说过了吧。"

下属："对不起，我立刻就做。"

上司："真是的，搞什么啊。我让佐藤负责B商品的企划，他很快就做好了。"

下属："是……"（不用和别人比较吧。）

上司："真是的，搞什么啊？究竟到什么时候才能自立？你可被佐藤远远甩在后头了。"

这样的措辞，会让下属多田丧失干劲。问题出在哪里呢？主要在于以下两点：

跟别人比较

有些观念陈旧的上司,爱在下属之间互相比较,试图借此煽动当事人的积极性,但事实上,结果往往适得其反。

这样做只会让下属产生深深的劣等感,对其本人的成长毫无帮助。若要比较,应该拿一个人的过去和现在做比较。此外,上司还应该对下属的成长予以夸奖。

可能有人会说:"我根本找不到下属哪里有进步。"的确,有的进步很难发现,但一定是有的。至于如何发现,那正是作为上司该做的事。发现下属的进步以后,还应该予以夸奖,让下属体验到成功的滋味,同时设法促进其他方面的进步。

当然,还必须让下属养成习惯,经常拿自己的过去跟现在做比较,促使自身不断进步。

全面否定下属所做的一切

的确,或许下属应该先做好日程表,但他有自己的想法,调查"通过哪家媒体进行宣传",这本身是没错的。上司应该对这部分予以认可。

如果一味地批评,会令下属丧失干劲,有时还会由于缺乏自信,连原本能做到的事也做不到了,于是给自己贴上"废物"的标签，严重时可能发展成心理问题，甚至最终辞职。

因此，上司不应该全面否定下属所做的一切，应该认可下属做到的部分，对没做到的地方提供建议，促其改进。

在这种情况下，上司应该使用下面这样的措辞：

上司："下次销售会议上要提交的新商品 A 的促销企划书，做得怎么样了？"

下属："目前正在考虑通过哪家媒体进行宣传。"

上司："进度比上次快了呢，而且还能想到考虑媒体的选择，很不错嘛。"（→先认可下属的干劲）

下属："谢谢。"

上司："日程是怎么定的？"

下属："啊？还没定好……"（糟了，应该先做好日程表的）

上司:"哦,还是先确定日程比较好。"

下属:"是。"

上司:"关于日程表的制作,有什么不明白的地方吗?"

下属:"没问题,我立刻开始着手。"

总结起来,有以下两个要点:

● 用其本人的过去和现在做比较

● 不要全面否定,要认可做到的部分

话虽如此,看到下属迟迟不能进步,上司有时难免心烦气躁。在这种情况下,请想想自己以前还是新人的时候吧。除了极优秀的人才,绝大多数人肯定都经历过失败吧。

请想想自己当初的实力,肯定会觉得"我当时也经常失败呢""现在的下属要比那时的自己更优秀"吧。这样一来,烦躁的心情就能恢复平静了。

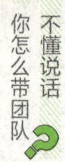

5. 对有欠缺的下属先认可再指出努力方向

> ○ ——→ "做得很辛苦吧？很努力。那部分做得相当好，咱们一起想想这部分还能不能改进。"
>
> × ——→ "搞什么啊？这样的企划书简直不像话。你工作时究竟在想什么啊！"
>
> ○ ——→ "按照这次项目的条件，制作企划很难吧？"

隶属于商品开发部的藤井，针对新商品 A 制作了一份超厚的企划书，近 100 页。他制作这份企划书，想必投入了极大的热情。

然而，上司的反应却出乎意料。

下属："这是之前在课内会议上提过的，新的成套商品的企划书。"

上司："怎么这么厚？总结一下，最多五六页。"

下属："是……"（好不容易做的）

上司（稍微翻了翻企划书）："成本估算太天真了。这样的企划简直不像话。自己回去好好想想再来。"

下属:"啊……"(震惊得目瞪口呆)

上司:"下次别做得这么厚了,太浪费时间和纸张。"

下属:"是。"

上司:"要顾及一下看企划的人啊。你工作时究竟在想什么啊?"

下属:"……"(再也不做什么企划书了,反正也是白费功夫)

这样的措辞,会让下属丧失干劲。我以前就像这样否定下属的提案,打击了下属的干劲。

的确,上司通常比下属拥有更丰富的经验和知识,会对下属提交的企划书感到不满意。况且,下属的企划书有时的确存在内容缺乏依据、不够成熟等缺点。在这种时候,上司可能会不由自主地想要全面否定,但越是在这种时候,上司越应该妥善应对。

具体来说,应该做到以下三点:

对下属积极提案表示支持

即使对下属的提案并不满意,你也应该对其积极性表示

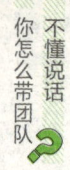

认可，这样能让下属感到付出必有回报，就算这次企划未能通过，下次还会继续积极提交方案。

分别指出企划书中值得肯定的部分和尚有不足的部分

即使企划书不够成熟，其中应该也有值得肯定的部分。经由上司指出，下属就会觉得付出有了回报。在这种情况下，上司应该先对值得肯定的部分予以夸奖，再指出尚有不足的部分，这样下属就能接受了。

有的上司可能怎么找也找不到其中值得肯定的部分，但其实没这回事，一定有做得好的地方。

即使这次失败，也要指明未来的方向

上司不要让下属止步于这次的失败，应该为其提供建议，争取下次成功。有人可能觉得，一旦上司提供建议，下属就会放弃思考，其实没这回事。

之所以会出现那种情况，是因为上司什么都想教的缘故。如果上司不提供任何建议，只说"自己回去好好想想再来"，下属以后还会重蹈覆辙，不会进步。因此，上司务必要为下属指明未来的方向。

以前面的例子而言，上司应该像下面这样说：

下属："这是之前在课内会议上提过的，新的成套商品的企划书。"

上司："做得很辛苦吧？"（→先对下属的努力表示慰问）

下属："没有没有，谢谢。"

上司："辅以大量数据，这很好。这个表格也很易于理解。非要补充的话，我希望你能制作一个摘要，注明本商品跟其他竞争商品的不同点。"（→分别指出企划书中值得肯定的部分和尚有不足的部分＋指明未来的方向）

下属："明白。"

上司："关于制作摘要，有什么想问的吗？"

下属："嗯，负责决定的委员会，会注重哪些要点？"

上司："嗯，根据我的经验，新追加的成本和当地的消费需求比较重要。"

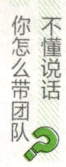

下属:"谢谢您提供的信息,我会在这方面多加留意。"

6. 对业绩不好的年长下属要肯定其过去

> ✗ ——— "你以前的做法已经行不通了,请与时俱进吧,尽管以前的功绩值得肯定……"
> ○ ——— "你以前的出色表现是我们望尘莫及的,请务必与时俱进,做出更优秀的业绩。"
> ○ ——— "我想让下属学习铃木你的做法。"

有些年长且有经验的下属,在上司看来是不太满意的,希望他们能再多努努力。而且对上司来说,年长的下属往往很难打交道。

这是一个日新月异的时代,由于年功序列制度已经崩溃,年轻上司+年长下属的组合变得越来越多。

我本人就曾有不少年长的下属。他们在团队里有很强的影响力,若是能够成为伙伴,将会极大地提升团队的实力,但若是成为敌人,后果则不堪设想。

下面介绍一个相关的失败案例。

第六章 传达

B是刚上任的新领导,干劲十足,试图改变年长下属铃木的销售方法,就对其加以诘问。

铃木的履历和年龄都在B之上,经验和知识也比B更丰富,但这几个月都没能达成销售目标。

铃木是那种喜欢实地走访收集资料的销售员,很优秀,但这几年由于其他竞争公司的增多,他的工作进展很困难。

上司:"铃木,你这个月又没达成销售目标啊。有在考虑解决对策吗?"

下属:"对不起,我会多去拜访客户。"

上司:"多去拜访客户有什么用?'跑'销售的时代已经结束了,你得想想更有效率的对策。"

下属:"对不起。"

上司:"你以前的做法已经行不通了,请与时俱进吧,尽管以前的功绩值得肯定……"

下属:"是。"(似乎并不能接受)

上司:"请多努力吧,你已经被后辈们甩在身后了,不觉得惭愧吗?"

这位新任上司本是一番好意,效果却适得其反。铃木向同事们大肆宣扬,说那个新任上司特别可恶,导致新官上任的B被孤立了。谁都不理他,开会时没人说话,他讲话时也没人听。

问题究竟出在哪里呢?

这种情况的问题在于,上司不该以居高临下的态度去对待年长的下属。刚成为上司的人往往容易犯这个错误,我以前就是这样。

刚成为上司的人,往往很担心自己被年长的下属轻视,于是就会在接触时采取居高临下的态度,反而会激起对方的抵触情绪。

年长的下属在团队里有影响力,被其厌恶的上司很有可能会成为万人嫌。

上司与下属,其实并无高低之分,只是职能不同罢了。采取居高临下的态度,是上司的误解。年长的下属很难得,应该使其成为战斗力。为此,上司应该先设法使其心情愉快地工作。

以前面的例子而言,上司应该像下面这样说:

上司:"铃木,你这个月又没达成销售目标啊。你以前的出色表现是我们望尘莫及的,请务必与时俱进,做出更优秀的业绩。有在考虑解决对策吗?"

下属:"对不起,我会多去拜访客户。"

上司:"多去拜访客户固然重要,但最近随着竞争对手的增多,客户可能已经厌烦了老套的提案,眼光变高了。"

下属:"是啊,必须考虑新方案才行。"(不过我还没什么主意,而且这也不是我擅长的)

上司:"咱们一起想想吧。关于销售中的一系列谈判流程,我想让其他同事学习铃木你的做法。如果这次你能进一步掌握提案能力,提升业绩,就更有说服力了,而且也能如虎添翼。"

7. 对缺乏魄力的下属要给予具体指导

> ○ ──→ "我知道你这个人性格温和，有时说不出强势的话。"
>
> × ──→ "你一直在做什么啊？不觉得惭愧吗？"

有的下属不乏行动力，但是缺乏魄力。我当销售经理那会儿，有个下属 U 就是如此。他很擅长使用电脑，制作的资料也清晰明了，还很会照顾人，跟公司的同事、前后辈关系都非常好。遗憾的是，他的销售业绩始终没有起色。据说是因为性格过于温和，所以总是在收官阶段的签约环节败下阵来。

有一天开报告会，轮到 U 发言，他又像往常一样重复着"很快就能拿下合同"的话。我实在忍无可忍，就向他发起诘责。这几个月，以五个有望合作的中等规模客户为目标，他拜访了无数次，却连一个合同都没拿下。

我当时像下面这样，表情严厉地训斥了他。

上司："究竟什么时候才能跟 A 公司签约？"

下属："对不起，据说对方目前正在召开公司内部会议进行商讨。"

上司:"上个月你就是这么说的吧?"

下属:"是,结论还没出来,对方迟迟不能决定……"
（糟了！）

上司:"怎么会这样？B公司和C公司呢？"

下属:"对不起,它们好像也还没决定。"

上司:"你一直在做什么啊？不觉得惭愧吗？"

下属:"对不起……"

这样说是解决不了问题的。或许从上司的角度来看,下属的表现的确令人恼火,但工作进展不顺,终归是有原因的。在这种情况下,原因就是收官阶段的软弱表现。

以本例而言,其实只要修正这个部分就可以了,但若是像这位上司一样,对下属全面否定,就会让下属觉得自己所做的一切都是错的,因而丧失自信,甚至可能连以前能做到的事也做不到了。况且,始终像这样举出缺点进行诘责,是得不到真正的情报的。

因此,上司应该按以下步骤展开谈话:

先表示慰问，并对值得肯定的部分予以夸奖

一旦被全面否定，下属就会丧失自信和干劲。因此，上司应该先承认收官阶段的签约环节很难，让下属产生共鸣。

上司应该自我表露，坦言自己以前在收官阶段的签约环节所经历的失败，这样能让下属发现并非只有自己觉得签约很难，从而感到安心。

此外，还应该对值得肯定的部分予以夸奖。人一旦受到夸奖，就会对对方抱有好感，也容易接受对方的意见。

一边询问，一边引出不顺利的原因

上司可以询问下属："以前成功签约的客户，对哪部分给予了肯定？"想必每个人至少都有过一次成功的经历，上司这样询问应该能让下属想起过去的成功经历，哪怕是很小的成功也无妨。

以前面的例子而言，上司应该像下面这样展开谈话：

上司："跟Ａ公司的签约怎么样了？"（→并没有突然
　　　否定）

下属:"对不起,据说对方目前正在召开公司内部会议进行商讨。"

上司:"哦,从上个月就一直是这种状态吧?"

下属:"是,结论还没出来,对方迟迟不能决定……"(糟了!)

上司:"收官阶段的签约环节,要让对方做出决定确实很难。我知道你这个人性格温和,有时说不出强势的话。"(→慰问)

下属:"是。"

上司:"客户做决定的关键因素是什么?"(→用一句话引导下属进行思考)

下属:"对方的负责人是没问题的,但他表示很难说服上司。"

上司:"咱们一起来制作能让对方负责人说服上司的资料吧?"

8. 针对个人表现无可挑剔但还应具备更多团队合作意识的年长下属

> ○ ——→ "由西田你来说的话,他们就能听得进去了。"
> × ——→ "西田,虽然你的个人业绩很出色,但还得想想怎么让团队的业绩更好才行啊。这样下去是很难升职的。"

如上所述,与年长下属的交流有时会很困难。

例如,销售课长提出要求,希望业绩和经验都无可挑剔的西田能够指导后辈,带他们一同做销售。

西田的个人表现固然无可挑剔,但他对整个团队并不在意。而在经理看来,金牌销售员是很宝贵的,所以希望他能为团队提供自己的成功体会和销售诀窍。

许多金牌销售员都是独狼式人物,"为了公司""为了团队"之类的话并不能说动他们。这位销售课长就用升职来暗示西田,试图打动对方,但西田的反应却出乎意料。

上司:"西田,辛苦了。你这个月的业绩也很出色啊。"

下属:"我竭尽全力了,总算达成目标了……"(千万别

说其他事啊）

上司："团队目标的达成有些困难啊。"

下属："是。"（……这我当然知道，但那是其他成员的事，跟我有什么关系）

上司："你能不能带石山和佐佐木走一趟？"

下属："我很忙，不好办啊。"（我就知道）

上司："我知道你忙。虽然你的个人业绩很出色，但还得想想怎么让团队的业绩更好才行啊。这样下去是很难升职的。"

下属："我没空……"（起身走人）

这就是年长下属对年轻上司的常见状态。而且，如果年长的下属很有影响力，可能还会节外生枝，致使事态变得更加麻烦。

西田可能是那种喜欢实地走访多过做管理的销售员。用升职来暗示这种人，基本上是没什么效果的，倒不如采取拜托的姿态比较好。

事实上，业绩优秀的独狼式人物，很少会收到来自其他人的询问。别人有事来找自己商量，任何人都会感到开心，这种人也不例外。

我至今已经见过许多这样的人，深知他们不喜欢指示和命令。这种人其实喜欢别人找自己商量事情，但上司若是直接要求"关照后辈"，他们又会毫无反应。就算上司说出"虽然你的个人业绩很出色，但还得想想怎么让团队的业绩更好才行啊"这样的话，他们也会装作若无其事，甚至有时还会表现出明显的抵触情绪。

对这种人应该怎么办呢？不妨告诉他们，有其他成员想找其商量或向其学习，这种形式应该比较有效，因为这会让他们觉得自己"受人依赖"。

"后辈们都把西田你当成榜样了。由你来说的话，他们就能听得进去了。"——只要像这样利用第三章所说的三角式夸奖就可以了。

比起直接提出要求，利用第三方的三角式夸奖更能打动独狼式人物的心。尤其是如今，终身雇佣制度和年功序列制度已经崩溃，再也不是个人向公司提供劳动力和忠心的时代了。措辞能否打动对方，这才是关键。

在这种情况下，上司应该像下面这样展开谈话：

上司："西田，辛苦了。你这个月的业绩也很出色啊。"

下属："我竭尽全力了，总算达成目标了……"（千万别说其他事啊）

上司："团队目标的达成有些困难啊。"

下属："是。"（……这我当然知道，但那是其他成员的事，跟我有什么关系）

上司："你能不能带石山和佐佐木走一趟？"

下属："我很忙，不好办啊。"（我就知道）

上司："我知道你忙，但还是希望你能帮帮忙。石山和佐佐木都很崇拜你，由你来说的话，他们就能听得进去了。"

下属："我明白了。"（既然如此，那就没办法了……）

9. 利用第三方鼓励来激发年长下属关心团队

> ○ ⟶ "你要是能把伊藤流普及开来就好了。希望你能成为后辈们的榜样。"
>
> ✕ ⟶ "你要是不能多指导后辈们的话，就不能推荐你当经理了。"

前面所讲的是针对年长下属的措辞，这一节针对的则是身为下任领导候补的年轻下属。

伊藤是下任领导候补，课长找他谈话，希望他能多关照团队成员。但遗憾的是，伊藤似乎完全置若罔闻。

上司："伊藤，辛苦了。今天才 20 号，你就已经达成这个月的销售目标了吧！了不起。"

下属："是的，谢谢。"

上司："不过在我看来，你做得还不够啊。"（→居高临下的态度）

下属："是……"（露出诧异的表情）

上司："希望你也能多关照团队成员。要是不能多指导后辈们的话，就不能推荐你当经理了。"

下属："……"

想说动这种人，应该做到以下三点：

用"为了你自己"来激发优秀员工关心团队

在如今这个终身雇佣制度已经崩溃的职场环境中，"为了公司""为了团队"之类的话并不能说动下属为之努力。相反，下属对于能够锻炼自身的活动倒是很积极的。因此，上司只要以锻炼为由，就能说动下属了。

比方说，上司可以告诉下属，团结团队成员，向他们传授成功体会和销售诀窍，可以锻炼"领导力"和"传达力"。

比起用升职加薪来暗示，这种说法更能激发下属的热情。若能将下属的销售方法冠以其本人的名号——例如伊藤流——会让下属的干劲愈发高涨。

表示依赖

上司不妨自我表露，坦言自己当初做销售员时团结团队的正面经历。尽管这样说对于年长的下属并无效果，但年轻的下属会很感兴趣。

使用肯定的说法,避免否定的说法

使用类似"这样做就能升职"的肯定说法还好,至于类似"不这样做就不能升职"的否定说法,还是避免使用为好,不然会让下属产生被迫感。

以本例而言,只要上司像下面这样说,就能更有说服力:

上司:"伊藤,辛苦了。今天才 20 号,你就已经达成这个月的销售目标了吧!了不起。"

下属:"是的,谢谢。"

上司:"真的帮了大忙,就靠你了啊。"

下属:"是,我会努力的。"

上司:"你要是能把伊藤流普及开来就好了。希望你能成为后辈们的榜样。"

下属:"不敢当……"(言不由衷,其实很开心)

上司:"我有个提议。从下周开始,每次开会都抽出 10 分钟,由你讲解伊藤流。能对销售诀窍加以整理,对你自身也有好处。"

下属:"我明白了,交给我吧。"

10. 鼓励忙到崩溃的事务员独立思考解决办法

> ○ ——▶ "多亏石川你,才能拿下这份合同。"
> ✕ ——▶ "石川,业务速度再快些啊。"

工作太多忙到眼看就要崩溃的销售事务员石川。明白石川很忙却还有事相托的销售经理佐藤。当石川汇报说报价已经做出来的时候,佐藤终于发火了。

下属:"您辛苦了。给 E 公司的报价做出来了。"

上司:"辛苦了。我记得还有 F 公司的报价吧?"(→只指出对方的失误而不道谢,认为下属做这些工作理所应当)

下属:"给 F 公司的报价还没完成。"

上司:"为什么还没完成?"

下属:"对不起……"(这还用问吗)

上司:"你是怎么做事的?业务速度再快些啊。"

下属:"是,我明白了。"(把那么多工作塞给我,我也很为难的)

上司:"什么时候能完成?"

下属:"今天傍晚之前完成。"(颇不情愿)

上司:"别偷懒啊。"

下属:"是,对不起。"

对于那些负责销售支持等幕后工作的事务员,上司往往爱把各种工作塞给他们,只为满足自己单方面的目的而不顾及对方的状态,而且每次都只说声"那个拜托了,这个拜托了",但只要对方的表现稍不如意,上司就会勃然大怒。

这类职员的忍耐力很强,但负面情绪若是日渐累积,总有一天会爆发出来。又或者,也可能使他们变得畏首畏尾,害怕自己擅自行动会惹怒上司,变得只知听命行事。

相反,从上司的角度来看,则希望他们能"更主动地行动""改善业务"。然而归根结底,之所以存在只知听命行事的下属,是因为存在不能激发下属能力的上司。在感叹"那个下属永远也做不出有附加价值的工作"之前，请上司先自我反省一下吧。

那么，要让默默无闻地从事幕后工作的下属激发干劲，更积极主动地投入工作，应该怎么办呢？

关键在于以下两点：

不要认为自己委托下属做事是理所应当的

上司应该对受托做事的下属表示感谢。

上司容易认为，把日常事务等例行公事的工作，或是跟销售额等业绩并无直接关联的工作交给下属去做，是理所应当的事。

这种想法会让下属丧失干劲。因此，上司不要觉得下属做这些工作是理所应当的，而应及时表示感谢，说声"帮了大忙""谢谢"。

尝试提出能让下属自己思考的问题

面对这种下属，很多上司觉得应该事无巨细地从头教到尾，但这样做会造成很大的弊端。

为了激发下属的能力，上司不应该从头教到尾，而应提出能让下属自己思考的问题。

例如，想让下属想出新的创意，上司就应该问"有没有其他方法"；想让下属提高工作效率，上司就应该问"为了加快工作速度，应该怎么办"。

要想提出能让下属自己思考的问题，上司必须抱着明确的目的——究竟想激发下属的哪种能力。

在这种情况下，上司应该像下面这样说：

下属："您辛苦了。给E公司的报价做出来了。"

上司："辛苦了，谢谢。说起来，多亏石川你，我们才能拿下G公司的订单。当时你通过电话跟对方交涉，帮了大忙。"（→表示感谢）

下属："谢谢，那太好了。"

上司："对了，我记得还有F公司的报价吧？"

下属："对不起，给F公司的报价还没完成。"

上司："你现在手头有多少工作？"（克制愤怒）

下属：“包括其他人委托给我的工作，共有 10 份。”

上司：“这么多？太辛苦了。设法让其他人分担一下。能不能优先完成 F 公司的报价？"（→贴近下属的立场提出要求）

下属：“我明白了，会优先做这个的。”

上司：“拜托了。什么时候能完成？”

下属：“今天傍晚之前完成。”

11. 对延误交工的下属要留出确认进度的时间

○ ——▶ "你觉得误期的原因是什么？"
✕ ——▶ "为什么总是误期？"
○ ——▶ "有什么为难的地方吗？"

面对工作误期的下属，上司容易在心烦气躁之下发出诘问。而且，这样的下属往往还是同一个人，即使上司屡次提醒也毫无改善。结果，每次上司都忍不住诘问，而下属每次都只会重复"对不起"。

上司:"千叶县地区的市场调查报告书还没做出来吗?截止时间是今天上午10点吧?"

下属:"是的……其实还没做好。"(糟了,怎么办)

上司:"你知道后天的董事会议要用吧?上次也误期了吧?为什么总是误期?你给我适可而止!"(→拿过去的失败说事,发出诘问)

下属:"对不起……"(没机会解释)

上司:"这次为什么误期?"

下属:"对不起,销售部突然要我制作企划书。"

上司:"那就把我要求的报告书延后了吗?你给我适可而止!"

下属:"对不起……我今天就做出来。"

上司:"算了,我自己做。以后也会交给其他人去做的。"(→上司亲力亲为,下属不能进步。陷入恶性循环)

这样说并不能解决问题。工作误期的确是下属的错,但肯定是有原因的。尤其是这个下属每次都误期，肯定有什么原因。如果上司当场做出否定，不给下属解释的机会，那就永远也解决不了这个问题。

下属工作误期，通常有以下两种原因：

有其他工作要做

在上司采取威压态度、下属不敢发表意见的环境中，即使下属原本并无空暇，有时也会硬着头皮接下工作。

上司应该从平时就多加留意，营造能让下属轻松发表意见的氛围。在委托工作的时候，也应该先确认下属的状况，看看对方手头是否还有其他工作要做。

安排不当

有的下属接受上司的指示以后，并不能正确安排工作的优先顺序，也没有事先做好应付突发状况的心理准备，自然容易误期。另外，还有的下属爱拖延，迟迟不能着手开始行动。

针对这样的下属，上司应该像下面这样加以指导：

上司："千叶县地区的市场调查报告书还没做出来吗？截止时间是今天上午 10 点吧？"

下属:"是的……其实还没做好。"(糟了,怎么办)

上司:"哦,你知道后天的董事会议要用吧?"(→并不当场否定下属)

下属:"是的,我知道。对不起。"

上司:"误期的原因是什么?"(→使用"是什么"这一聚焦于事情本身的询问方式)

下属:"因为销售部突然要我制作企划书。"

上司:"哦。这种情况应该立刻跟我讲,我会考虑如何处理。"(→接受下属的解释)

下属:"对不起,下次会注意的。"

上司:"那你估计什么时候能完成?手头上还有其他紧急工作吗?"(→确认下属手头是否还有其他工作)

下属:"有份报价书必须在中午之前提交。那个做完以后,就开始做这个。"

上司:"那明天上午10点之前交给我,可以吧?制作上有

什么问题吗？"（→确认下属的安排）

下属："好的，没问题。"

当场确认工作内容

上司应该给下属留下提问的时间，以便在下达指示的时候就能解决不明确的问题点。如果可能的话，不妨让下属当场试着做一部分。

> ○ ——→ "有没有什么问题？"
> × ——→ "不要总是问同样的问题。"
> ○ ——→ "要是有为难的地方，可以随时来问我。"

当下属无数次询问同样的问题时，作为上司，可能确实会忍不住发火，觉得下属根本没有认真听。但要知道，并不是所有人听一遍就能彻底理解的。

而且，一旦上司说"不要总是问同样的问题"，下属就会感到压力，有时可能担心提问会惹怒上司，就直接略过不提了。这跟前文所说的因为不想惹怒上司而不进行汇联商的情况是一样的。这样一来，问题完全得不到解决，工作也会毫无进展。因此，上司应该向下属表明欢迎提问的态度，营造易于交流的氛围。

在对最差情况有所准备的基础上制订计划

有些时候,就会有像这样的紧急工作突然要做。因此,上司应该对此情况有所准备,在此基础上制订计划。

不要让下属独自面对问题,要留出多次确认进度的时间

很多工作误期的案例,都是由于下属不知道怎么办才好,一个人把问题憋在心里造成的。

为了避免这种情况,上司应该时刻营造易于交流的氛围,还要准备多次确认进度的时间。

> ✗ ——→ "既然接受了这项工作,就要负责。"
> ○ ——→ "不要一个人把问题憋在心里。如果进展不对劲,可以直接跟我说,不用客气。"

12. 对因追求完美而延期的员工要先满足其自尊心

> ○ ——→ "这份企划书已经足够合格了。"
> ✗ ——→ "不要过分拘泥于细节,趁早完工得了。"

上一节介绍了工作误期的下属,这一节所介绍的匠人式下属,同样也容易误期。这类人在工作中绝对不会偷工减料,做

出来的东西合格度都很高。但从另一个角度来说，他们总是过分执着于细节，所以容易误期。

而且，除了误期之外，他们有时还会花费超出必要的大量时间。

这样一来就是本末倒置了，更重要的是太浪费时间。

那些时间完全可以用来做其他工作，与其加班，还不如早点儿回家休息。

这类匠人式下属总是把目标定在 100 分。的确，没有失误、合格度高的作品很重要，但有时 80 分就足够合格了，例如企划书、资料之类的东西，几乎都是如此。

反之，如果非要得 100 分，那可就永无尽头了。况且，100 分只是其本人的主观要求，其实得 80 分就可以。

不过，这类人追求的是回避风险，又不喜欢被别人指出不足的地方，所以就变成了完美主义者。

心急难耐的上司可能会像下面这样，忍不住大加训斥：

上司："周末课长会议上要用的资料，截止日期不就是今天吗？"

下属:"对不起,还没完成。"

上司:"那你都在做什么啊?什么时候能完成?"(→诘问)

下属:"有些地方我还想再稍微详细调查一下……"(因为想制作完美的资料)

上司:"我不是说过了吗?简单的资料就行。你花那么多时间,要是不能如期提交,做出来也毫无意义了。"

下属:"是……"(不能接受)

上司:"给我看一下。"

下属:"好,给。关于新商品A今后的课题,我本来还想再详细调查一下的。"(露出不能接受的表情)

上司:"关于A商品的资料已经足够用了。你就是太过于追求完美。你应该知道,如期完工才是最重要的。"(→否定下属的人格)

下属:"可是……"

上司:"不要过分拘泥于细节,趁早完工得了。"

这样说只会激起下属的抵触情绪,对解决问题毫无帮助。若无依据,匠人式下属是不会行动的。上司使用"总之去做就是了""做个大概就行"之类的说法,并不能让他们接受。

这是认死理的一类人,即使面对上司也会据理力争。

反之,上司若能讲明依据,他们就能接受并按指示行动。因此,上司只要像下面这样说就可以了:

上司:"周末课长会议上要用的资料,截止日期应该就是今天,做得怎么样了?"

下属:"对不起,还没完成。"

上司:"哦,还没完成吗?"

下属:"有些地方我还想再稍微详细调查一下……"(因为想制作完美的资料)

上司:"不知道是什么样子,能不能把现在做出来的东西给我看一下?"

下属:"是……关于新商品 A 今后的课题,我本来还想再详细调查一下的。"

上司:"原来你是这样想的。我应该在你制作之前就跟你仔细说明的。抱歉了。"（→对下属表示谦逊）

下属:"不会、不会……"（惶恐）

上司:"这份企划书已经足够合格了。这次的目的是向董事汇报,所以,所有商品都只要汇报现状就可以了。至于今后的课题,能不能在销售会议上提交?"（→并不否定下属的追求）

下属:"我明白了。"

先对下属的努力表示认可

上司不要全面否定下属提交的成果,应该先对值得肯定的部分予以夸奖,再指出需要改善的部分。如果没能立刻发现值得肯定的部分,可以只对下属的努力表示认可。

而且,当下属回答"还没完成"的时候,也不要急着否定,应该先承接下来,然后再确认详情。

指出误期会使努力付诸东流这一事实

可以使用"好不容易做出的好东西,不能白白浪费"这样的措辞。"白白浪费"这种说法,不会给人以否定的印象。

表示"正因为你很能干",继而提出要求

"正因为你很能干"这句话,会准确地命中对方的自尊心。然后只要提出要求,希望下属能把时间用在其他工作上,对方就能听得进去了。

13. 对多次犯同样错误的下属用"什么"代替"为什么"

> ○ ——→ "反复经历同样的失败,应该有什么原因吧?"
> × ——→ "为什么总是重复同样的失败?"
> ○ ——→ "这样的失误会产生什么影响?"

面对反复经历同样失败的下属,心烦气躁之下,上司往往会严厉地训斥一番,说出"你是怎么做事的"之类的话。我以前就是这样。有时,上司会多次重复"为什么",对下属发出诘问,甚至可能还会否定下属的人格。

在这里,我想举一个例子,内容是一位上司训斥给客户发错账单的下属。

下属:"课长,客户A公司发来报告,说账单的金额有误。"

上司:"你是怎么做事的?上个月也搞错了两次。"

下属:"是,对不起。"

上司:"你给我适可而止啊。我也很忙的。作为社会人,你就不觉得惭愧吗?"(→否定下属的人格)

下属:"是……对不起。"(没机会解释)

上司:"为什么总是重复同样的失败?"

下属:"那个……我没有仔细检查。"

上司:"为什么不仔细检查?"

下属:"对不起……"(你这样诘问,叫我怎么回答)

这样说只会令下属陷入沮丧,并不能从根本上解决问题。反之,上司只要像下面这样说效果就大不同。

下属:"课长,客户A公司发来报告,说账单的金额有误。"

上司:"这可难办了。让会计确认一下,立刻改正。"

(→接受事实,先说明如何应对)

下属:"是,对不起。"

上司:"到底是怎么回事?"(→确认事实)

下属:"上个月下调了商品 B 的价格,但没有反映在账单里。"

上司:"哦。上个月就有过同样的失误吧?这样的失误会产生什么影响?"(→提出能让下属反省失误的问题)

下属:"会失去 A 公司的信任。对不起……"

上司:"没错。反复经历同样的失败,应该有什么原因吧?"(→提出聚焦于失误原因这一事情本身的问题)

下属:"我是从 20 号开始着手制作账单的,所以太着急了,只检查过一遍。"

上司:"原来如此。那今后应该怎么办呢?"(→即使明白对方的行为不妥,仍然提出非否定意味的问题)

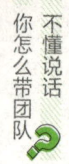

下属:"我会注意的。"

上司:"嗯。具体怎么做?"(→具体化)

下属:"每周都提前准备出一个小时的时间,用于月末制作账单,然后从 20 号开始边检查边制作。"

上司:"原来如此。这样一来,检查次数变多,错误也就减少了。那就拜托了。"

上司应该像这样把谈话分为三个阶段来谋求改善。

确认事实(现行方法)

一开始就贴上"不行"的标签并不好,人格否定更是不像话的做法,因为下属并不是有意犯错的。所以,上司应该先从确认事实开始,看看下属究竟是怎么做的。

用"什么"代替"为什么"进行提问

"为什么"是把焦点放在了人的身上,而"什么"则是聚焦于事情本身。用"为什么"来诘问,会让对方觉得原因出在自己身上，满脑子只会觉得自己有罪。

反省固然是好事，但更重要的是改善行动。用"什么"来提问，就能让下属回顾自己的做法哪里有问题。

一直重复同样的做法，自然就会一直得到同样的结果。改变心情和意识固然重要，但改变行动更加重要。如果心情和意识改变但做法不变，结果仍然是不会变的。因此，让下属着眼于自己的行动才是关键所在。

促使下属改善行动

发现哪些做法有问题后，就应该具体考虑如何改善。

很多时候，下属会给出"我会好好干的""我会小心的""我会注意的""我会仔细检查的"之类的回答，但这并不是具体的解决办法。在这种时候，上司应该问"具体打算怎样做"，促使下属将行动具体化。

这样一来，就能给下属反复经历同样失败的行为画上休止符了。如果下属仍然继续失败，上司应该重复以上三条，跟下属一同思考解决对策。

14. 对不能将任务落地的下属要强调"一起"

> ○ ——▶ "竹下,机会难得,不试试吗?要是能以你为核心,可就帮了大忙了。"
>
> × ——▶ "竹下,你可不能纸上谈兵啊。"

有的下属能提出很棒的意见,却没有行动。从上司的角度来看,难免感到恼火。

下面以某销售课会议上的对话为例。该销售课整体都弥漫着工作进展困难的气氛。

上司:"销售进展不顺的原因有哪些?"

下属:"宣传手册不够好。"

上司:"哦?能不能详细说说?"

下属:"是。有客户说,宣传手册不如以前好看了。"

上司:"那可不好,我会跟企划部说一下。对了,能不能由竹下你来主要负责这件事?"

下属:"我吗……"(真麻烦,看来要担责任啊)

上司："嗯，行不行？"

下属："对不起，我得在下周之前做出年末的宣传活动企划，忙不过来。"（必须想办法拒绝）

上司："多少总能抽出些时间吧？竹下，你可不能纸上谈兵啊。"（→强加于人）

在这种情况下，上司可以认可下属的意见是"好意见"，并由此引出下属的相关想法，但最后如果把工作强行塞给下属，只会迫使下属找借口拒绝。

即使上司发火，下属也会寻找其他借口，这正中了那些光提意见不行动的"纸上谈兵型下属"的下怀。

上司想让这种下属了解行动的重要性，但不能像本例那样强加于人，否则下属是不会采取行动的。下属之所以不愿行动，主要有以下两个原因：

害怕担责任

不想增加业务量的下属，以及以前说出意见却担了责任的下属，对于行动会很谨慎。

在这种情况下，上司应该对下属说："以竹下你为核心，咱们一起来做吧。"加上"一起",就能让下属知道上司也会一起承担责任,从而放心。

无法踏出行动的一步

如果上司把工作完全交给下属一个人,下属行动的门槛就会变高。关键在于,要尽可能地降低这道门槛。

以本例而言,上司只要像下面这样说就可以了:

上司:"销售进展不顺的原因有哪些?"(→聚焦于事情本身而不是人的身上)

下属:"宣传手册不够好。"

上司:"哦?能不能详细说说?"(→引出意见)

下属:"是。有客户说,宣传手册不如以前好看了。"

上司:"那可不好,我会跟企划部说一下。对了,机会难得,不如以竹下你为核心,咱们一起来做吧。这样销售现场的意见就能及时传达给我,我也省事了。"(→接受下属的意见,强调"一起"+表明一起做的理由)

下属:"对不起,我得在下周之前做出年末的宣传活动企划,忙不过来。"(必须想办法拒绝)

上司:"下周只要抽出一个小时就可以,行不行?"

下属:"我明白了。一个小时的话,我会想办法的。"

15. 对缺乏提案依据的下属要给出提示

○ ——→ "好提案。能不能告诉我促使你想要提案的契机?"
✕ ——→ "回去好好想想再拿来。"
✕ ——→ "创意不错,但不太现实。"
✕ ——→ "虽然还不赖,但最后太草率了。"

无法接受下属的提案,于是直接予以否决——你有没有过这样的经历?如果下属提交的方案过于不成熟,有些上司甚至会对其人格加以否定。

这样做会让下属觉得,既然提案也通不过(惹怒上司),还是什么也不做好了。

既然好不容易做出了提案,下属应该也是干劲十足的。很多上司抱怨下属不提供意见,其实原因多在上司身上。

的确,有些下属的提案内容很不成熟,但请你想一想吧。

作为上司,你本来就比下属拥有更丰富的知识和经验,所以当然会觉得下属的提案有很多不足。

而且,促进下属成长也是上司的工作。毫不夸张地说,上司一味否定下属,其实是对自身工作的放弃和背叛。

　　下属:"这是下一期预定发售的Ａ商品的促销企划方案。"

　　上司:"写得不好,回去好好想想再拿来。"(→只看了前面几页,就打算全面否定)

　　下属:"请等等,各方面我在后面都写了。"

　　上司:"利用毗邻始发站的商业设施,进行试饮活动……这得花多少钱?创意不错,但不太现实。"

　　下属:"是……"

　　上司:"得仔细考虑活动和预算之间的平衡啊。虽然还不赖,但最后太草率了。"

下属:"对不起……"

上司:"重做一份。"(→全面否定)

下属:"全部吗?"

上司:"你自己琢磨吧。"

上司需要注意,不要做出这样的全面否定,应该指出哪部分值得肯定,哪部分需要修正。

"回去好好想想再拿来。"

"创意不错,但不太现实。"

"虽然还不赖,但最后太草率了。"

这样说对工作进展毫无帮助。"你自己琢磨吧"同样不能解决问题。的确,如果上司事无巨细地从头教到尾,会妨碍下属的进步,这是不可否认的事实,但至少应该给出提示,为下属的思考指明方向。

下属:"这是下一期预定发售的A商品的促销企划方案。"

上司:"好提案。能不能告诉我促使你想要提案的契机是什么?"(→对提案表示慰问+引出意见)

下属:"前两天,我们的竞争对手B公司在新宿的0号店举行了试饮宣传活动,现场非常热闹。"

上司:"那是因为B公司预算充足。要做同样的活动,我们就有些捉襟见肘啊。"

下属:"原来是这样……"

上司:"不过,我觉得在车站大楼里举行试饮宣传活动会很有趣。你对照预算,好好考虑一下吧。"

下属:"是。"

上司:"准备从哪里着手?"

下属:"嗯,我会调查一下各车站大楼场地租用的相关资料。"

上司:"不错。"

16. 对思想僵化的下属戒频繁批评

> ○ ──→ "你能不能想出一个打破局面的对策？只要一个就好。"
>
> × ──→ "头脑再灵活点啊。"

一直坐在办公室里负责日常事务的职员，追求的往往是工作不出错，顺利完成上司交代的任务。总之就是循规蹈矩，不惹怒上司就好。维持现状固然重要，但仅仅做到这种程度，并不能让成员本人及公司有所进步。

想让从事日常事务的下属也能得到成长，上司应该设法促使对方开动脑筋，思考如何改善现状。

的确，比起每天重复上头交代的工作，通过自己思考来开展的工作更能激发干劲。不过，即便不是全新的工作，只在日常事务当中，其实也能随着改善而释放出自己的光彩。

业务课长山冈很苦恼，因为下属在作业指导书上浪费了太多的时间。在这种时候，下属佐佐木来找他对作业指导书进行确认。

下属："您辛苦了。请确认一下作业指导书。"

上司:"嗯!对了,你最近是不是在作业指导书的制作上花了特别多的时间?"

下属:"是的。从这个月起,指导书变了新样式,记录的内容也有所增多,所以很花时间。"

上司:"有没有什么好办法?"

下属:"能不能恢复以前的样式?这样一来就能缩短时间了。"

上司:"那可不行,这是规矩。让组里成员分担一下,不就能加快了吗?"

下属:"大家的工作都增多了,都没空儿。"

上司:"我看到的可不是这样,别找借口啊。"

下属:"就不能改改规矩吗?"

上司:"当然不行,规矩是由管理部定的。有没有其他缩短时间的方法?头脑再灵活点啊。"

下属:"……"(只能继续这样了吗)

上司像这样说，并不能解决问题，下属也拿不出任何改善对策。有些组织就是这样，很难想出新创意来。这样的组织有以下三个特征：

规矩的束缚力太强

的确，规矩是一个组织必不可少的。只有让成员彻底遵守规矩，才能整束团队，保证最低限度的工作质量。然而，一旦过度循规蹈矩，又会生出弊端，导致能够改善既有业务、尝试全新挑战的人变得越来越少。因为大家会过于担心，生怕自己一不小心就违反规矩。

先例规范固然重要，但局限在既定的框架内是很难得到新创意的，这也是不容置疑的事实。尤其是刚当上经理的上司，往往想用规矩来捆缚下属，因为这样便于统管。于是，上司就会一门心思只考虑如何让下属遵守规矩。

结果，即使下属有了新创意，也会担心不合规矩而遭到批评，于是便沉默不言。

本来，要想得到新的想法，就要除去规矩的束缚。哪怕是无论如何都需要规矩的场合，也应该将其缩小到最低限度。

批评过于频繁

一旦上司的批评过于频繁，就会让下属觉得："只要做到最低限度的工作，不惹怒上司就行。"于是，下属就不会再发表自己的意见，只优先考虑回避风险。这样的组织是得不出新创意的。

因此，上司不应该频繁地批评下属，而应通过提问来促进交流。提问的效果很好，能够唤醒沉睡在下属脑中的灵感。

例如，可以使用"你能不能想出一个打破局面的对策？只要一个就好"这样的提问方式。"只要一个"的话，下属回答起来也比较容易。

由下属自己想出的对策，其本人更容易接受，这样也能使执行力得到提高。

上司立刻给出答案（上司不听下属发表意见）

即使下属答不出上司的提问，上司也不应该立刻给出答案，这样做会打断下属的思路。

在这种情况下，上司应该像下面这样展开谈话：

下属："您辛苦了。请确认一下作业指导书。"

上司："嗯！对了，你最近是不是在作业指导书的制作上花了特别多的时间？"

下属:"是的。从这个月起,指导书变了新样式,记录的内容也有所增多,所以很花时间。"

上司:"原来如此,确实不好办。"(→承接下属的解释)

下属:"不只是成员,连客户都说还是以前的样式更好用呢。"

上司:"原来如此。看来规矩得改改了。在你看来,哪部分需要重新制定?能不能想出一个打破局面的对策?只要一个就好。"

下属:"嗯……"(陷入沉思)

上司:"说错了也不要紧。"(→让下属放心回答)

17. 对总反对却没有落地建议的下属要先满足其存在欲

○ ──→ "如果需要采取行动,你会怎么做?"
× ──→ "想好了再说。"

偶尔会有这样的人——在会议等场合表示反对,却没有具体意见。例如，销售部的川村就经常在会议上反驳课长的发言。

下面是课长和川村之间的对话：

上司："我打算把县西部地区追加为销售区域，大家分担一下就行了。"

下属："请等一下。我认为应该维持现行区域，贸然扩大有害无益。"

上司："胡说！我们最近一直达不成销售目标，只能这么办了。"

下属："可是……"

上司："别找借口了，达成销售目标再说吧。"

的确，川村这个人平时就只会一味地反对，所以这次可能只是旧病复发罢了。但又或者，他可能是真的言出有据。

如果上司像这样用"别找借口了"来阻止下属，下属就会无话可说，可能今后再也不会提出意见了。

为了避免这种情况，上司应该像下面这样，以三个步骤来应对下属的反对：

如果下属表示反对，先承接下来

有时，下属之所以表示反对，只是单纯地因为对现状不满，故意吹毛求疵，想得到上司的认可而已。

对于这样的下属，上司或许很想训斥一顿。然而，如果上司否决下属，则正中了对方的下怀。

对于这样的下属，上司需要在语言上表现出"我认可你的存在"的态度。

即使对方瞄准一点不停地攻击，上司也应该使用"原来你是这样想的"之类的措辞，不动声色地承接下来。没必要"接受"，只要"承接"就可以了。

不能感情用事，当场否定对方。面对一味反对的下属，上司也许会感到心烦气躁，但如果感情用事大发雷霆，只会助长对方的气焰。

严厉斥责，施加威压，固然能让下属无力反驳，默不作声，但这仅限于在上司面前。当上司不在场的时候，下属的反对只会变本加厉。最坏的情况，甚至有可能致使整个团队崩溃。作为上司，即使并不认可下属的意见，也应该先稳稳地承接下来。

例如,"的确""或许是这样""原来你是这样想的""还有这样的思路"等等。

不要提供具体的改善方案,通过提问让下属自己思考

如果只是用"或许是这样""原来你是这样想的"等措辞承接下来,就变成任由下属摆布了。因此,上司还需要加以驳斥。

在这种情况下,有的上司会说:"没错,所以我希望你这样这样做。"不过,除了紧急情况以外,上司最好不要提供具体的改善方案,否则只会激起下属的抵触情绪。在这种情况下,上司应该通过提问来应对。

例如,"具体应该怎么办?""怎样做才能解决问题?"只要下属能针对这些问题给出回答,就证明对方并不单纯只是为了反对而反对。

如果下属拒不作答,那就是单纯出于不平不满(抵触)了。不过,心怀抵触的下属为了避免上司提问,也就不会再进行无谓的反对了。

既然上司从一开始就接受了下属的意见,使下属的存在欲求得到满足，那就不要紧了。

让下属实践其本人提出的改善方案

上司可以说"那好，这件事咱们一起来做吧"，促使下属采取实际行动。在这种情况下，应该加入"一起"这个词。既然逃避不开，阻碍下属采取行动的借口就会减少。

因此，上司应该像下面这样展开谈话：

上司："我打算把县西部地区追加为销售区域，大家分担一下就行了。"

下属："请等一下。我认为应该维持现行区域，贸然扩大有害无益。"

上司："应该维持现行区域吗？能不能说说具体方案？"

下属："县西部地区目前正由B这家大型公司独占，安排了相当数量的销售员。"

上司："原来如此。谢谢你提供的信息。我会详细调查一下。"

上司批评下属的时候，

在一开始使用铺垫句式可谓效果显著，

既能表明上司的心情，

也更易于下属理解上司的话。

第七章

批 评

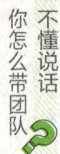

1. 在一开始使用效果显著的铺垫句式

> ○ → "尽管有些话很难说出口,但还是希望你能听一听。"
> ✕ → "我得说说你啊。"
> ✕ → "有点事我得跟你说一下。"
> ○ → "可能是我记错了。"
> ○ → "或许是我的错。"
> ○ → "我这个人爱操心,所以想让你确认一下。"
> ✕ → "我之前就说过了吧!"
> ○ → "之前可能是我的说法有问题,现在想跟你再说一遍。"
> ○ → "正因为中岛你是团队的王牌,有些话我才想跟你说清楚。"
> ✕ → "虽说接下来的话你也听不懂……"

上司批评下属的时候,在一开始使用铺垫句式可谓效果显著,既能表明上司的心情,也更易于下属理解上司的话。

不过,这些铺垫句式若是使用不当,有时会让下属怀疑上司是否认可自己，从而对上司失去信任，因此需要格外注意。

下面通过三个示例，对比一下 OK 铺垫句式和 NG 铺垫句式。

不得不批评下属时

> ○ ⟶ "尽管有些话很难说出口，但还是希望你能听一听。"

当上司"犹豫着该不该说这些话，担心可能伤害下属感情"的时候，可以使用这种措辞。既能表明上司的心情，也能让下属做好心理准备。

> × ⟶ "我得说说你啊。"

突然听到上司说出这句话，胆小的下属就会采取防御姿态，只顾着怎样摆脱眼前的局面。

> × ⟶ "有点事我得跟你说一下。"

这样说会让下属担心"有点事"的内容。有时,所谓的"有点事"会变成长篇大论或严厉斥责,最终所花的时间超过两个小时。因此,下属一旦听见这句话,就会采取防御姿态,担心挨训。

自己并不确定,想让下属确认时

> "可能是我记错了。"

指出下属的误解或错误的时候,如果突然说出"那不对",下属就会采取防御姿态。因此,上司应该先用"可能是我记错了"做好铺垫,然后再说"不是……这样的吧",使谈话气氛不至于紧张。

> "或许是我的错。"

在这种情况下,这句话并非用在自己真的错了或是自己的记忆模糊不清的时候,而是在委婉地指出对方错误时的套话。这是一种铺垫句式,能避免伤及对方的感情。

> "我这个人爱操心,所以想让你确认一下。"

在这种情况下,上司做出自我表露,坦言自己爱操心,能让下属放弃不必要的担心，做好接受谈话的准备。

> ✗ ——→ "我之前就说过了吧。"

可能上司之前就提醒过，但下属并未采取行动，所以上司会忍不住说出这样的话，大概也是想确认对方当初究竟有没有听见自己的提醒。然而，这种说法只会打击下属的积极性。

在这种情况下，上司可以使用"之前可能是我的说法有问题，现在想跟你再说一遍"这样的措辞。

与特定的下属谈话时

> ○ ——→ "正因为中岛你是团队的王牌，有些话我才想跟你说清楚。"

这样说既能安慰中岛的自尊心，也向对方传达了"我信任你"这一信息。

> ✗ ——→ "虽说接下来的话你也听不懂……"

这样说是在赤裸裸地指责下属的能力，会让下属觉得上司轻视自己，从而引发抵触情绪。在这种情况下，上司应该说"接下来要说的话可能不太好理解"。

2. 边夸奖边批评——方便的"三明治法"

> ○ ⟶ "这个月的销售也很顺利啊！" + "但有一点，就是你最近提交的资料里错误变多了，稍微注意一下。" + "难得销售顺利，升职在望，有些可惜哦，还得继续努力。"
>
> ○ ⟶ "演示资料做得很好，简明易懂。" + "这部分应该多从客户的角度考虑，专业术语太多了。" + "这部分若能修改一下，对方负责人的意见就更容易在其公司内部得到通过。"

批评的最大意义，就是促使下属改善行动。为此，首先需要激发下属的干劲，必须让下属觉得"好，加油"。

如果上司只会一味地批评，下属的积极性就会降低。在这种时候，使用边夸奖边批评的"三明治法"比较有效。所谓三明治法，是指在批评前后夹以夸奖的方法。

上司使用这种说法，下属就会觉得，自己好不容易得到了上司的夸奖和认可，却偏又做了错事，从而更深刻地做出反省。

当上司指出下属的长处时，下属就会对上司产生肯定的感情，认为上司一直在关注着自己，而自己却给上司添了麻烦，所以会感到愧疚。

另一方面，如同下面这个例子一样，如果上司从一开始就加以批评，下属就会心怀抵触，对上司的话很难听得进去。

下属佐藤的销售业绩很出色，但错误也很明显。下面就是上司对其加以批评的场景。

上司："佐藤，你最近提交的资料里错误太多了。"（→突然批评）

下属："对不起。"（销售业绩提升不就行了？）（→并不接受）

上司："你给我当回事儿！这样下去的话，就算销售业绩提升，也不能推荐你升职。"（→着眼于过去）

下属："……我明白了……"（怎样才能逃离这里呢？）（露出无法接受的表情）

在这种情况下，虽说有的下属会认真听，但有的下属则会考虑"怎样才能逃离这里"。由此可见，突如其来的批评只会适得其反。

而且，比起夸奖之后以批评结尾，不如在最后仍以"我很期待""那就可惜了"等夸奖结尾，这样能提高下属的积极性。这种三明治法的效果可谓显著。

以前面的例子而言，上司应该像下面这样展开谈话：

上司："佐藤，这个月的销售也很顺利啊。"（→先予以夸奖）

下属："谢谢。我会继续努力的。"

上司："但有一点，就是你最近提交的资料里错误变多了，稍微注意一下。"（→指出改善点）

下属："啊，对不起。"

上司："难得销售顺利，升职在望，有些可惜哦，还得继续努力。"（→着眼于未来，进一步提高下属的积极性）

下属："是，明白。"（好不容易得到上司的信任，却做

了对不起上司的事，必须多加注意了……）（→
激发干劲的同时，做出深刻反省）

3. 对心怀抵触的下属先要满足其被认可欲

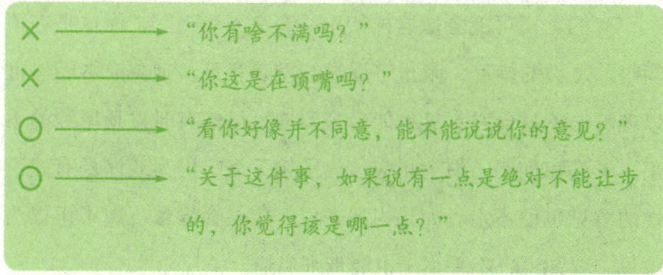

当上司对下属稍加警告，或是提出新方案的时候，下属可能会回以"那做不到""没可能"等不平不满的态度。

下面来看一个例子。针对每月发给客户的快讯商品广告，销售课长在会议上做出了通告，下属中村却提出反对意见。

上司："从下个月起，发给客户的快讯商品广告改成黑白样式，纸也不用优质纸，改用普通纸，再把以前的四页纸改成两页的合页版。因为太浪费经费了。"

下属："改成黑白样式，不是彩色照片的话，很难体现出展会和商品的具体模样，而且显得廉价。"

上司："没办法，为了削减成本。你这是在顶嘴吗？"

下属："可是……"

上司："你有啥不满吗？"

有的上司可能会像这样使用"有啥不满吗""你这是在顶嘴吗"之类的措辞，阻止下属继续发表意见。削减成本固然可以理解，不过反对意见也能带来启迪。虽然有时只是单纯的不平、不满和抱怨，但上司应该先承接下来，因为或许是有建设性的意见也说不定。如果当场予以否定，会导致下属不再提出意见。要知道，不平不满也能带来启迪。

在这种情况下，上司应该像下面这样应对：

上司："从下个月起，发给客户的快讯商品广告改成黑白样式，纸也换成稍便宜的，再把以前的四页纸改成两页的合页版。因为太浪费经费了。"

下属："啊？真要这样做吗……"（露出不能接受的表情）

上司："看你好像并不同意，能不能说说你的意见？"

下属："改成黑白样式的话，很难体现出展会和商品的具体模样，缺乏临场感，而且显得廉价。"

上司："原来如此，你是觉得缺乏临场感啊！不过，太耗成本也是事实啊，所以不得不设法削减。"（→将下属的话重复一遍，承接下来）

下属："可是我觉得，一旦降低品质，客户就不会抱有好印象了……"

上司："嗯，这样啊……可是，总不能丝毫不做改变。关于这件事，如果说有一点是绝对不能让步的，你觉得该是哪一点？"（→不加以否定，提出问题）

下属："减少页数是迫不得已，但颜色应该维持原样。"

上司："原来如此。好，那就按这个方向考虑一下。"

重复下属的话，暂时承接下来

当下属提出反对意见的时候，上司应该先把对方的不平不满承接下来。若有可能，不妨把对方的话重复一遍，这样能让下属觉得上司仔细听取（理解）了自己的发言，从而使认可欲得到满足。而且，上司本人也能对思路进行整理。因此，上司应该先重复"原来你觉得……"然后用"我认为"予以反驳。

不否定，试着提问

在重复对方的话之后，可以用"原来如此，我没想到还有这个观点！"来对下属予以夸奖，然后用"具体应该怎么办？怎样做才能解决问题？"来提问。

> ○ —— "看你好像并不同意，能不能说说你的意见？"

即使下属的意见偏离正轨，上司也不要说"只回答我的提问即可"之类的话。如果下属有多方面的不平／不满，可以让其归纳成一项。

> ○ —— "关于这件事，如果说有一点是绝对不能让步的，你觉得该是哪一点？"

4. 对受到批评却毫无改变的下属要询问其真正原因

> ✗ —— "你嘴上说努力，实际上却什么也没做。"
> ✗ —— "你究竟是怎么做事的？"
> ✗ —— "你就只会哼哈答应。"
> ○ —— "有什么困难吗？"
> ○ —— "你觉得具体该做什么？"

有的下属受到批评时，总是毫不犹豫地回答"是"，过后却毫无改变。对于这样的下属，上司很容易会忍不住像下面这样加以训斥：

> ✗ ——→ "你嘴上说努力，实际上却什么也没做。"
> ✗ ——→ "你究竟是怎么做事的？"
> ✗ ——→ "你就只会哼哈答应。"

然而，即使上司像这样训斥，绝大多数下属也不会做出任何改变。因为如果真能改变，早在一开始批评的时候就改变了。像这样的训斥之所以毫无效果，大概有以下三个原因：

不知道具体该做什么

上司需要让下属自己思考，但有的下属并不能做到这一点。因此，在批评的同时，上司应该尝试用"你觉得具体该做什么"来提问。

这样一来，就能知道对方有无对策。如果没有对策，就需要上司来给出具体的指示或建议了。

批评的目的并非改善意识，而是改善行动，有时需要上司站在下属的立场上来考虑问题。

下属并不想改变

在这种情况下,上司不要使用"这是你应该做的""改变是你的义务"等"应该论"。一旦用错"应该论",就有可能变成人格否定。

上司应该询问下属不想做出改变的原因何在,然后寻求解决之道。

而且,在最后劝说的时候,也应该让下属更多地着眼于"改变的好处",而不是"不改变的坏处"。

做不到是有原因的

下属有时知道自己为什么做不到,但有时并不知道。如果明明知道为什么却还是做不到,那就肯定是有原因的。

在这种时候,上司应该自我表露,坦言自己以前的失败经历,这样能让下属感到安心,觉得"谈谈也没关系",从而引出下属的真实想法。如果下属本人并不知道自己为什么做不到,上司应该同下属一起消除心结,查明原因。

> ○ ——→ "有什么困难吗?"

关键在这之后,上司还需要引导下属采取具体的行动。

> ○ ──→ "你觉得具体该做什么?"

5. 对抗打击能力差的下属要用"糖果+无视"理论

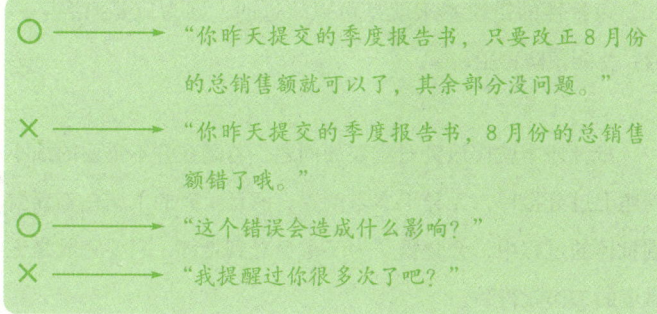

> ○ ──→ "你昨天提交的季度报告书,只要改正8月份的总销售额就可以了,其余部分没问题。"
> × ──→ "你昨天提交的季度报告书,8月份的总销售额错了哦。"
> ○ ──→ "这个错误会造成什么影响?"
> × ──→ "我提醒过你很多次了吧?"

即使上司的批评并不是特别严厉,有的下属也会因抗打击能力差而陷入沮丧。

这种下属过分敏感,很小的事情也会放在心上,而且对事物的思考往往会过于深入。

在批评这种人的时候,上司应该注意以下三点:

每次只针对一件事进行批评

不光是这种人,即使是其他下属,如果上司每次批评时都牵扯到很多方面,下属也会感到厌烦。而且,这样做还会让下属难以确定,不知道究竟应该从哪里优先开始改正才好。

利用"糖果+无视"理论

表示夸奖的"糖果",加上对低重要度问题不予批评的"无视",就是"糖果+无视"理论。即小事不批评,直接略过。

短暂性的错误本来就是可以略过的,因为只要把握了原因,就能预防再犯。

批评原本就应该针对重要的问题,若是在并不重要的细小问题上过分批评,无异于本末倒置。而且,有的下属在不断受到批评的过程中,会觉得"为了避免受到批评,只要完成毫无难度的工作就行"。

事先明确批评标准

这类人特别害怕受到批评。从这个意义上来说,上司需要事先明确标准,什么时候发生什么事才应该批评。

如果上司做到了上述三点,但下属仍很沮丧,那么还可以使用以下方法:

聚焦于一个问题——"只要改正这里就不要紧了"

这类人对事物的思考过于深入,只会徒增不安。因此,上司应该说"只要改正这里就不要紧了",好让他们感到安心。

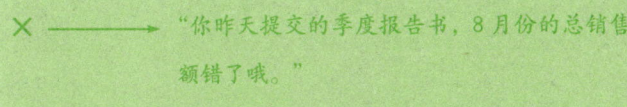

错误的说法会让下属搞不清哪里错了,只会放大下属的不安,而不安一旦超过某个限度,反而会成为失误的诱因。

以提问的形式交谈

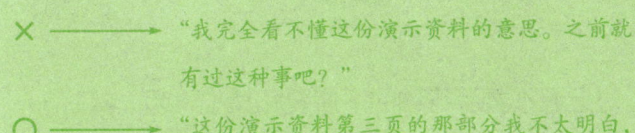

错误的说法是全面否定,而且还拿以前的失败说事儿。这样一来,下属就只能回答"对不起"了,并不能解决问题。

不要过分夸大

> ✗ ⟶ "我提醒过你很多次了吧?"

这样说相当于给下属贴上了"屡教不改"的标签,反而会使下属犯错越来越多。

○ ──► "这个错误会造成什么影响？"

上司需要让下属知道，错误的影响并不是很大。可能有人觉得这样做是在纵容下属，但从提供安心感的意义上来说，这样做是很有必要的。

对于这种下属，"那点儿小事"是忌语。上司觉得"那点儿小事"，会让下属丧失自信。

对此，"不要失去自信"这样的鼓励也意义不大。

6. 对迟迟不着手行动的下属要和其"一起"做

✕ ──► "还没开始做呢？"
✕ ──► "究竟什么时候才能开始？"
✕ ──► "你究竟是怎么做事的？"
✕ ──► "别说三道四了，赶快行动吧！"
○ ──► "是什么事让青山你忧心忡忡？"
○ ──► "先从哪一步开始？"
○ ──► "咱们一起考虑该怎么办吧？"

有的下属虽然制订出了计划，却迟迟不能着手采取行动。负责跨年宣传活动的青山就是这种人。

课长和青山在会议上的对话如下：

上司："跨年宣传活动准备得怎么样了？"

下属："还没开始着手……"（糟了！）

上司："还没开始做呢？"

下属："对不起……"

上司："究竟什么时候才能开始？"

迟迟不能行动的人，大概都有以下三个特征：

不知道该如何行动

有些纸上谈兵的人，只是不知道该如何行动而已。

他们其实很想询问上司，可上司往往会说"自己去想"，结果心怀畏惧，就再也不问了。

在这种情况下，上司不要问"难道你不知道该如何行动"，而应该问"有什么困难吗"，这样一来，下属回答起来也会比较容易。

另外，上司也可以一直陪同下属，直到下属开始着手行动。从下属行动开始到最终完成为止的过程中，上司需要随时确认进度。

没有踏出第一步的勇气（门槛高）

或许是因为受到扣分主义的影响，有的下属过度惧怕失败，踏不出第一步。

上司可以使用便于引出下属真实想法的措辞。例如，"是什么事让青山你忧心忡忡？"

这样一来，下属就会诉说自己的不安。有些时候，下属的不安来得说不清道不明，很模糊。

在这种情况下，上司可以设法逐一消除下属的不安，然后针对下属可以立刻采取行动的一小步或事前准备，询问"先从哪一步开始"。上司也可以给相关部门发邮件，索取相关设备、活动会场及媒体的必要资料。

这样一来，就能卸下下属身上的枷锁，使下属的行动变得轻松自如。

想体现自身的优越感

迟迟不能着手行动的评论家式的下属，往往得不到上司的认可。他们会嘲笑别人的失败，否定尝试挑战的人。想体现自身的优越感是这类人的特征。对于这样的人，说"别说三道四了，赶快行动吧"只会适得其反。

在这种情况下，上司应该主动做出让步，向下属提问，例如"咱们一起考虑该怎么办吧"。

例子中的"你究竟是怎么做事的？"是忌语。当上司对下属的行动感到不满的时候，很容易说出这样的话。对下属而言，这句话完全是在诘问，只会令下属满脑子都在考虑如何逃离现场，因此并不能解决问题。要知道，批评的目的并非改善意识，而是改善行动。

以前面的例子而言，上司应该像下面这样展开谈话：

上司："跨年宣传活动准备得怎么样了？"

下属："还没开始着手……"（糟了！）

上司："还没开始着手？是什么事让青山你忧心忡忡？"
（→重复下属的话＋提问聚焦于事情本身，便于对方回答）

下属："因为我以前从没负责过宣传活动。"

上司："哦，那是挺不安的。咱们一起考虑该怎么做吧？"

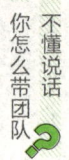

（→贴近下属的心情＋表明一起解决问题的态度）

下属："是，请多多关照。"（露出放心的表情）

上司："先从哪一步开始？"

7. 对认死理的下属多用"假设性提问"

× ——→ "没办法，这是上头的方针。"
× ——→ "别说三道四了，赶快行动吧。"
○ ——→ "你难以接受这项方针的哪部分呢？"
○ ——→ "新方针的哪部分是你能做到的？"

对于上司下达的指示，有的下属只会认死理。

下面以某快餐连锁店区域经理与其下属——品川店的佐佐木店长——之间的对话为例。

区域经理让佐佐木店长把临时工从20人减为18人。这是公司的命令。佐佐木店长则对区域经理的话提出了反对意见。对于区域经理的指示，佐佐木这个人本来就喜欢认死理。

结果，郁闷的区域经理终于崩溃了。

上司:"佐佐木,辛苦了。我今天得跟你谈谈临时工的事。从 12 月开始,希望你把临时工的名额减少两个人,变成 18 人。"

下属:"别开玩笑了。夏天不是已经减少两个人了吗?现在明明人手不足……"

上司:"没办法,这是上头的方针。"(崩溃)

下属:"……我明白了。"(露出不能接受的表情)

如此一来,谈话就进行不下去了。认死理的下属也不是没错,但他之所以爱认死理,应该是有原因的。

可能的原因有以下三种:

对上司十分不满

上司的话缺乏依据,总是以"这是上头的意见"为由,朝令夕改。有时的确出于迫不得已,但即便如此,上司也应该用自己的话来仔细说明,否则就没有上司存在的价值了。

对现状十分不满

下属会觉得自己并没有得到上司的认可,重要的工作也不会交给自己做。为了让上司认可自己，他们才会一个劲儿地认死理。

在这种情况下，上司不妨给下属在会议上发表意见的机会，或者让其担任项目领导。

上司有否定癖

即使明显感到下属是在认死理，没必要赞同，上司也应该先承接下来，然后询问"哪部分你不能接受"，最后只要引出下属的不平、不满，设法改善行动就可以了。

有否定癖的上司，应该强化自己的"承接"意识。

以本例而言，上司只要像下面这样应对即可：

上司："佐佐木，辛苦了。我今天得跟你谈谈临时工的事。从12月开始，希望你把临时工的名额减少两个人，变成18人。"

下属："别开玩笑了。夏天不是已经减少两个人了吗？现在明明人手不足……"

上司："哦？现在人手不足吗？"（→重复下属的话，让下属的情绪平静下来）

下属:"是的,能不能想想办法?"

上司:"关于人员削减,哪部分你能接受?"

下属:"这个计划本身就很难接受。"

上司:"原来如此,但毕竟第三季度的销售额下降了15%。我知道你接受不了,但假设只能接受一点的话,你能接受哪部分?"(→先把下属的情绪承接下来+用自己的话说明原委,以让步的方式进行提问)

下属:"我明白了。既然销售额有所下降,那就没办法了。不过,12月是学生临时工回家探亲的时间,所以很难确保足够的人手。要削减的话,能不能从1月开始?"

上司:"原来如此。我会跟本部交涉的。"

关键在于"哪部分能接受"这一假设性提问。在这种情况下,下属也会寻找"有没有能接受的部分"。

但在本例中,上司问了"哪部分能接受",下属的回答却是"这个计划本身就很难接受",所以上司可以继续问,"假设只能接受一点的话,你能接受哪部分?"

让下属承担难题的时候,针对不愿行动的认死理的下属,假设性提问是比较有效的。

8. 对因为专注于项目而耽误日常工作的下属要多自我袒露

> ✗ ⟶ "伊藤,业务课提出投诉,说你最近提交作业指导书总是误期,看来很妨碍工作啊。"
>
> ○ ⟶ "伊藤你真的帮了大忙。对了,业务部长刚才有些生气地联系我说,'伊藤最近提交作业指导书总是误期'。怎么回事?"

专心致力于项目是好事,但伊藤却疏忽了日常业务,终于导致业务部提出了投诉。

上司是这样对伊藤说的:

上司:"伊藤,业务课提出投诉,说你最近提交作业指导书总是误期,看来很妨碍工作啊。"

下属:"对不起……"

上司:"你究竟在搞什么啊?对项目投入太多精力了,得先做好日常业务才行啊。"

下属:"是……"

这样说只会打击下属的积极性。

疏忽日常业务固然不好,但上司这样说简直像是认为下属做项目是错的。但事实上,项目也是很重要的,必须与日常业务齐头并进才行。

因此,关键在于如何确定优先顺序,如何合理分配时间。批评是为了改善行动,而前面的说法只是在训斥下属,并不能解决问题。

在这种情况下,上司应该按以下步骤,引导下属找到解决对策:

先对下属的努力表示认可

下属拼命做项目是事实,上司应该先对此表示认可,否则会引发下属的抵触情绪,对上司的意见置若罔闻。

通过"有什么困难吗?"这样的措辞,促使下属做出回答

下属的工作说不定已经超负荷了,但如此努力的下属是不会主动说出来的。

他们觉得，一旦说出这件事，上司在心里对自己的评价就会一落千丈。因此，上司应该让下属明白，不会出现这样的情况。另外，上司不妨以自我表露的形式，坦言自己过去的失败经历。

"为什么"是把焦点放在了人的身上，下属会把这样的措辞视为诘问，所以上司应该使用"什么"这一聚焦于事情本身的提问方式。

通过这样的提问，能让下属自发地改善行动。

因此，在这种情况下，上司应该像下面这样展开谈话：

上司："伊藤，辛苦了。怎么样？那个项目的企划书制作进展如何？"（→慰问）

下属："课长辛苦了。进展很顺利。"

上司："太好了。你总能在短时间内做出优秀的企划书，真的帮了大忙。对了，业务部长刚才有些生气地联系我说，'伊藤最近提交作业指导书总是误期'。怎么回事？"

下属："对不起。虽然听起来像是找借口，但我一直专心制作项目企划书，就把作业指导书延后了。"

上司:"伊藤,我知道你很忙,但作业指导书在工作流程中是不可缺少的。没有它,业务部就无法行动。"

下属:"对不起,我会注意的。"

上司:"你手头好像汇集了很多工作,没问题吗?"

下属:"没问题。"

上司:"我当上经理以前,有段时间也因为手头的工作太多,不停地遭到投诉。我当时的上司西山注意到这种情况,就对我的业务做出了调整。"(→自我表露以前的失败)

下属:"竟有这样的事?"

上司:"有什么困难就跟我说,别客气。工作要是超负荷就直接说,我不会因此降低对你的评价。"(→让下属感到安心)

下属:"谢谢。不要紧的。我每天早晨会抽出半个小时,用来制作并确认作业指导书。"

上司:"那就好。拜托了。你就是因为工作能力强,手头

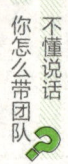

才会聚积了大量工作。虽然很辛苦,但我对你抱有期待,加油。虽然做项目也能提高评价,但光是那样就太可惜了。"

9. 针对推卸责任的下属采用"既不赞同也不否定"

> ✕ ——— "别把责任推给别人。"
> ◯ ——— "假设你多少都要负点责任的话,你觉得是哪方面?"
> ◯ ——— "为了避免下次再发生这样的事,该怎么做?"

有的下属即使自己犯了错,也会归咎于他人。就像下面这样:

上司:"上周的销售报告书数据有误哦。"

下属:"啊,是业务部弄错了。真是的。"

上司:"胡说。我是交给你去做的,别把责任推给别人。"

对于这样的下属,上司说"别把责任推给别人",并不能解决问题。归根结底,下属为什么会推卸责任呢?

主要是因扣分主义蔓延所致。上司只能看见下属的缺点而非优点，这样的风气会导致下属企图逃避责任，归咎于他人。

对这样的下属说"你也有责任"，只会激起对方的抵触情绪。因此，上司的提问不要像"为什么会犯错？"这样追究错误的原因，而是应该着眼于未来。

提问的关键，是要做出假设性提问，例如"假设你也有错""假设你也有责任"。这样的假设性提问，能够委婉地让下属意识到自己的过错和责任。

总而言之，上司的提问应该表明这样一种态度——我不是在追究你的错误，而是在引导你思考如何解决错误。

因此，上司应该像下面这样展开谈话：

上司："上周的销售报告书数据有误哦。"

下属："啊，是业务部弄错了。真是的。"

上司："哦，是业务部弄错了？"（→重复下属的话，暂时承接下来）

下属："他们竟然没有仔细核对，真是的。"

上司："嗯，这样说倒也没错。不过，你不也应该仔细核对吗？"（→既不赞同也不否定，促使谈话进行下去）

下属："话是这么说，但业务部总该仔细核对才行。"

上司："哦？可我是交给你去做的，难道你不该仔细核对吗？"

下属："我很忙。况且，核对数据本来就是业务部的工作。"

上司："知道了，我并不是在责备你。为了避免下次再出现这样的情况，该怎么办？"（→表明不是在追究错误，让对方安心，然后进行假设性提问）

下属："我明白了。虽然有些费事，但我会抽出时间仔细核对的。"

10. 对被批评过重的下属巧用工作话题转移情绪

× ——— "去喝一杯痛痛快快吧。"
○ ——— "我刚才有些感情用事，有哪里让你不能接受？"

批评下属以后，上司千万不能说"刚才对不住"，否则就失去了批评的意义。

因为上司这样一说，下属就会从有利于自己的角度做出解释，例如"上司刚才的发火完全是无事生非""既然向我道歉了，说明问题并不严重"。

因此，上司不要对批评感到抱歉，而应通过"对了，那件事怎么样了"这样的措辞，使谈话回到日常话题。

例如，客户 A 公司提出投诉，指出最近的负责人 B 总是犯错。

上司自然会批评 B，但事后不要继续纠结于此事，应该把话题引向其他方面。例如，如果第二天上司要带 B 去 C 公司跑销售，这时就可以问"明天几点碰头"，也可以询问其他业务的进展情况。

总之，只要把话题引向其他工作即可。在批评过后，不建议谈论兴趣爱好或家人之类的话题，不然会有勉强、刻意的尴尬感。况且，工作上的失败就应该在工作中补救。不过话虽如此，当上司感情用事，对下属的批评过于严厉时，还是需要适当跟进的。

在这种情况下，上司千万不能道歉。不过，若是上司的批

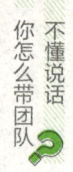

评过于严厉，令下属受惊过度，则又另当别论。

然而，即便是在这种情况下，上司也不要试图收回批评的话，而应单独针对感情用事这一点进行道歉。

在这种情况下，上司应该做到以下两点：

以提问的形式表明"可能我说得不够清楚"

有时，上司的意图没能明确传达给下属，就会令对方感到不快。在这种时候，上司不要指责对方能力不足，而应表明"我的说明有问题"这样的态度，重新进行说明。

对自己感情用事表示歉意

能够坦率道歉的上司是值得信赖的，但总道歉就会适得其反。因此，上司不要再提及批评的具体内容，应该单独针对"话说重了"这一点进行道歉。

"去喝一杯痛快痛快吧"是很多上司爱用的招数，但最好不要这样说。下属刚被狠狠地训了一顿，肯定想跟上司保持一定距离，只有睡一觉情绪才能恢复平静。在这种情况下，下属一见到上司就会想起挨训的事，再喝两杯酒，就会莫名其妙地旧事重提，以至于情绪久久不能平静。因此，上司应该避免让下属喝酒才对。

结语

谢谢大家读到最后。

作为上司的你想必已经明白,即使传达同样的内容,只要稍微改变措辞,下属的态度就会变得截然不同。

我以前就是这样,面对那些难以应对的下属,总是会陷入消极思考的成见之中。

首先,请你抛弃自己的成见。然后,请尝试使用不同于以往的措辞。可能一开始不会有任何改变,但只要坚持下去,必能有所收获。到最后,下属肯定会表现出前所未有的干劲。

激发下属的干劲,提高积极性,比任何广告的性价比都高。因此,首先需要你改变自己。这样一来,下属也会随之发生改变。

事实上,这种措辞的改变不仅可以用于下属,还可以用于同事和客户，以及家人、朋友、恋人等私人关系。

希望大家通过本书，能认识到措辞在打动人心方面的重要性，这是我作为作者的最大愿望。

使用能让对方心情舒畅的措辞，愉快地进行交流，在这个过程中会生出各种各样的美好。

我说话并不是很出色，也没什么辉煌的业绩，但我一直在追求怎样才能让下属拿出干劲，心情愉快地投入工作。

工作中出现问题，原因多在于交流不畅。即使传达同样的内容，只要稍微改变措辞，就能避免问题的出现。

"措辞能改变下属！"

即使像下面这样说也毫不为过：

"措辞能改变社会！"

这是我发自内心的看法。只要掌握了"站在对方立场上的措辞"，双方都能发生改变，人际关系也会改变，最终甚至能让整个社会都发生改变。

在你的实践过程中，本书内容若能经得起考验，请向我反馈,这是我身为作者最大的喜悦。我期待着你的成功。

我在创作本书的过程中,受到了多方给予的关照。

尤其是与我一同构思企划的钻石社编辑久我茂先生,在此对他表示由衷的谢意。

还有我的各位客户,以及时刻支持我的"认证项目"的各位,衷心感谢你们。

执笔期间,承蒙诸位提供建议和关照,于我真是莫大的鼓励。

最后,再次感谢你能陪我一路走来。

吉田幸弘